GO！ | 認識我們的地球

南北極
大探索

U0141440

「北極與南極的祕密」編輯室／著

童小芳／譯

前　言

　　「北極」與「南極」它們分別位於地球的兩端。聽到北極與南極，大家的腦海中會聯想到什麼呢？不外乎「有很多冰」、「感覺起來很寒冷」、「可看到美麗的極光」、「有企鵝與北極熊等動物」等等。然而，北極與南極遠不止於這些。

　　透過研究北極與南極的冰、海水、大氣等，並持續累積數據，即可掌握地球過去與現在的狀態，以及變化的過程，甚至還能進一步預測地球的未來。

　　北極與南極上仍有許多我們不知道的事。雖然有些人認為北極與南極很相似，兩者當然會有一些相似之處，然而卻也存在無數截然不同的面向。

本書將會從地理、地質、氣候、生物、人類的活動等各種面向來觀察北極與南極。我們會從各種角度切入探討，比如北極與南極的相似與相異之處、各個地區有哪些特色、對於世界而言是什麼樣的存在，並進一步鑑古觀今、展望未來，藉此了解我們目前正面臨哪些問題等。

　　北極與南極雖然同處於南北的極區，卻各有其獨樹一格的特色，世界各地的研究人員至今仍持續調查與研究。了解北極與南極的相關事宜亦有助於認識我們所居住的地球。

　　此外，透過逐漸看清至今未知的事物，不僅可以更深入了解北極與南極的相關知識，若能讓大家開始思考世界與環境等未來，將是筆者莫大的榮幸。

目 次

第1章　比一比，北極與南極

第2章　一起來了解北極！

北極與南極坐落於何處？

接下來將會逐步學習北極與南極的知識。
因此，不妨先認識各個地區的所在位置。

北極與南極分別位於地球的兩端

　　赤道是地球自轉軸垂直切入地球的平面與地表之間的交會線。相當於緯度0度，赤道遂成為緯度的基準。想必大家都曾在地圖之類的地方看過這條線吧？以這條赤道為界，北部為北半球，南部則稱為南半球。以北緯90度之處的北極點為中心，延伸至緯度66度33分的區域，被稱作北極或北極圈；以南緯90度之處的南極點為中心，同樣延伸至緯度66度33分的區域，則稱作南極或南極圈。

　　北極與南極分別位於地球的兩端。2個地區雖然都有「寒冷之地」、「有大量的冰」等共通點，但是北極與南極的大自然與棲息於其中的生物等，存在著可說是天壤之別的差異。請先在腦中牢記這點，再繼續往下閱讀。接下來將大量介紹北極與南極的各種知識。

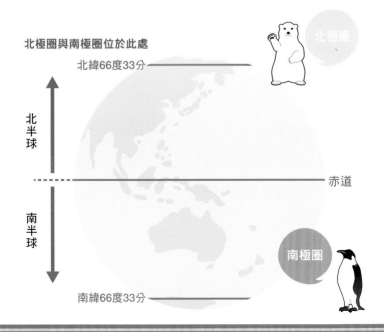

北極圈與南極圈位於此處

北緯66度33分

北極圈

北半球

赤道

南半球

南極圈

南緯66度33分

比一比，北極與南極

北極是陸地環繞的「海洋」，南極則是海洋環繞的「陸地」

以北極點為中心的「北極（北極圈）」與以南極點為中心的「南極（南極圈）」分別位於地球的兩端。

北極是以北極海為中心

北極只有一片厚度最大可達10公尺左右的龐大浮冰，其中心為海洋（北極海）。北極海被歐亞大陸與美洲大陸所包圍，其面積約為地中海（北部與東部被歐亞大陸、南部被非洲所包圍）的5倍，是占地球整體海洋面積約3%的汪洋大海。北極點位於這片北極海之中，不過北極海終年結冰，因此可在冰上移動並抵達北極點。

在被稱為北極圈的這條線內，不僅限於單一國家，而是涵蓋了加拿大、美國、俄羅斯、格陵蘭島等多個國家，自古以來就有人類與各種動物生活於此。順帶一提，格陵蘭島上的西奧拉帕盧克村是世界各地的原住民部落中位置最北的村落。

北極海與地中海的比較

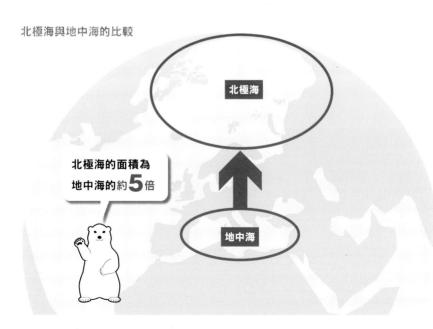

北極海

北極海的面積為
地中海的約**5**倍

地中海

南極是一塊巨大的陸地

　　相對於以海洋為中心的北極，南極是一塊四面環海，並且被冰雪覆蓋的巨大陸地。

　　地圖上的標記看起來很小，但實際上面積比歐洲與澳洲還要廣闊。南極洲的面積與筆者所居住的日本相比相差懸殊，是世界上第5大的陸地，且陸地內有高2,000～3,000公尺的山脈。

　　將這塊南極洲360度環繞的就是「南極海」。本書中的第84～85頁將會針對這片南極海進行詳細的介紹。此外，全世界約有20個國家在南極洲上建造了40多座地區觀測基地。日本也建有4座基地，本書中的第106～109頁將會詳細介紹這些基地正在進行哪些觀測並發揮著什麼樣的作用等，也請參考看看喔。

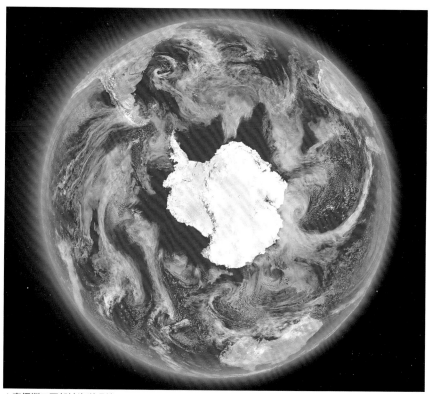

▲南極洲四面都被海洋環繞

北極坐擁大河，南極則有小溪

北極與南極皆有河川，但其規模有很大的差異。北極的河川是所謂的大河，南極的河川則為小溪。

南極的河川並不發達

有無數條河川流入北極海。主要的河川為來自歐亞大陸的勒拿河、葉尼塞河、鄂畢河，以及來自北美洲的馬更些河，這4條河川有「北極海四大河」之稱。注入北極海的河川年總水量雖然每份文獻記載會有些出入，不過據說高達2,500～3,500立方公里。北

▲流入北極海的馬更些河

極海的表層水會乘著東格陵蘭島的海流流往大西洋，北極海為大西洋所提供的年總水量位居世界第二，僅次於號稱世界最大且最長（這點眾說紛紜）的亞馬遜河。

另一方面，南極入夏後，各處會出現一條條融雪水匯集而成的小河流，或許稱之為「春之小河」更為貼切。不過，在南極也是存在大型河川，即流入名為萬達湖的湖泊中且為南極最大的河川──奧尼克斯河。往年是從11月下旬左右開始流淌，並於2月停歇，高峰時期一天會有高達20萬噸的水注入萬達湖。

▲來自歐亞大陸的葉尼塞河

北極比南極大

北極與南極分別位於2個極地。在此試著與日本的面積做比較，以便理解何者較大、有多大。

北極的面積為南極的1.1～1.2倍

如前所述，北極大部分為海洋。北極海與太平洋、大西洋、印度洋、南極海（南冰洋）並列為五大洋，約占北極面積的3分之2。北極的面積約為1,650萬平方公里，日本領土的總面積約為37萬8,000平方公里，因此北極約為日本的40倍大。

那麼南極有多大呢？這點前面也解釋過，南極大部分為陸地。陸地面積超過1,300萬平方公里，約占地球整體陸地面積的10%。南極的面積約為1,366萬平方公里。與日本的總面積相比，約為36倍大。由此可見，北極的面積為南極面積的1.1～1.2倍。

然而，北極與南極的陸地與海洋的面積占比截然不同，因此或許無法這樣單純地進行比較。儘管如此，從生活在日本列島上的日本人的角度來看，就會覺得「實在大得驚人」。

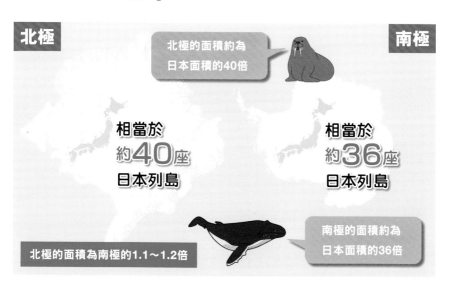

北極

北極的面積約為日本面積的40倍

南極

相當於約**40**座日本列島

相當於約**36**座日本列島

南極的面積約為日本面積的36倍

北極的面積為南極的1.1～1.2倍

南極比北極冷

觀察影像或照片會發現，北極與南極皆為冰雪所覆蓋。何者更為寒冷？又有多冷呢？

南極遠比北極冷得多

　　愈往北愈寒冷，愈往南則愈暖和。這是我們在學校課程中學到或因為天氣預報等而耳熟能詳的知識。在日本，位於南方的沖繩比位於北方的北海道還要暖和，這點應該大家都知道吧？那麼，北極與南極何者較為嚴寒？或許會有人回答，「北極位於北端極地，而南極位於南端極地，因此肯定是北極較為寒冷」。事實上，南極比北極還要寒冷得多。

　　在這邊試著以氣溫簡明易懂地比較一下。觀察最低氣溫會發現，相對於北極約為冰點以下30℃，南極約為冰點以下89℃。其次，北極點的年平均氣溫約為冰點以下20℃，南極點的年平均氣溫則約為冰點以下50℃。那麼，夏季的氣溫為何？南極的沿岸地帶有時也會降至零度以下，而北極則維持約10℃的紀錄。從這些氣溫的數據來看，應該可以斷言北極「並非我們所以為的那般嚴寒」，而南極「遠比北極寒冷，且為酷寒」。話雖如此，不可否認兩地皆為寒冷地區。

第1章　比一比‧北極與南極

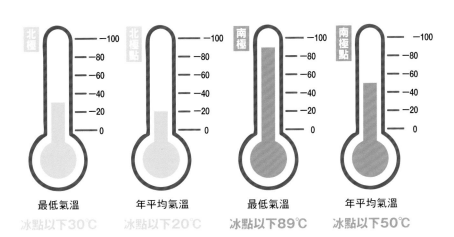

北極	北極點	南極	南極點
最低氣溫	年平均氣溫	最低氣溫	年平均氣溫
冰點以下30℃	冰點以下20℃	冰點以下89℃	冰點以下50℃

北極有原住民居住，但南極沒有

想必大家對棲息於北極與南極的知名動物等都不陌生，那麼什麼樣的人會生活在那裡呢？

北極有原住民以獨特的文化生活其中

▲利用冰雪打造而成的愛斯基摩人冰屋，為因紐特人的傳統住家

大家應該都曾經聽說過，有一群被稱為愛斯基摩人的原住民生活在北極。愛斯基摩人（Eskimo）這個詞彙意指「吃生肉的人」，實際上是由西方人所取的名稱。據說在這群原住民當中，有些會自稱為因紐特人（Inuit，「人類」之意）。關於生活在北極的人們，後面幾頁會詳加介紹，許多原住民的生活仍遵循著各自的傳統。此外，說到因紐特人的住家，以利用冰雪打造而成的傳統住家──愛斯基摩人冰屋最為著名，但據說如今幾乎已不復存在，似乎都改住在現代風組合式住宅中。

另一方面，如同前面所介紹的，比北極還要嚴寒的南極，並非適合人類長期居住的環境，因此該區域並無原住民。然而，待在南極的人類不在少數。這些人皆在以研究為目的所設立的研究基地裡工作並生活。有21個國家在南極建造了觀測基地，包含日本人等來自世界各國的人們皆待在基地內。

▲坐落於南極的美國麥克默多站

北極有許多冰山，南極則坐擁地球上約90％的冰

「冰河」是我們對北極與南極的印象之一。讓我們先從「冰河為何物？」開始逐步學習。

經年累月所形成的冰河

在說明北極與南極的冰河之前，讓我們先來了解冰河本身。所謂的冰河，是積雪經過壓縮所形成的巨大冰塊，在重力的作用下緩緩地流動。冰河究竟是如何形成的呢？冰河是冬季積雪到了夏季仍未融化，到了下一個冬季又有降雪堆積其上，如此反覆作用並經年累月所形成的。

▲南極的流冰

那麼北極的冰河是什麼樣子呢？一般認為北極地區是從距今約300～500萬年前開始為冰層所覆蓋。在融化時部分遭截斷所形成的冰山多不勝數，此為北極冰河的一大特色。

另一方面，我們也來研究一下關於南極的冰。南極的冰層（又稱作大陸冰河）含括大量的冰，占了我們所居住的地球上所有冰的90％左右。其總量約為3,000萬立方公里。有點令人難以想像呢。還有冰的厚度，最厚之處大約可達4,500公尺。比起日本富士山的高度3,776公尺還要更厚得多，著實令人吃驚。

▲南極的冰層很厚

兩地的太陽高度都不高

北極與南極位於地球南北兩極的區域，因此又被稱作極區。陽光是如何照射這些極區的呢？

極區較為寒冷是因為太陽高度低

　　北極與南極，2個地方都是眾所周知的寒冷地區。它們之所以寒冷的理由與太陽息息相關。北極與南極的太陽高度都不高。所謂的太陽高度，是指地平線與太陽高度位置之間的角度。如果這個角度較大，就代表「太陽高度高」；若是角度較小，則表示「太陽高度低」。一般來說，太陽高度愈低則氣溫愈低。

　　就如同大家所知道的，我們所生活的地球的形狀是一個渾圓的球體。相較於其他地區，由於北極與南極的太陽高度較低，所以兩地皆是斜向接收陽光。因此太陽的熱能會分散，導致每單位面積所接收到的太陽能減少，因而變得更冷。

　　不僅如此，冰雪的存在也對寒冷程度造成莫大的影響。照射在地球上的太陽能有30％左右會被大氣層吸收，其餘約70％則被大地所吸收，然而北極與南極的極區則因為冰雪的反射導致只有10～15%的能量被吸收。

北極與南極2個極區的太陽高度較低

太陽高度較低
陽光分散至大範圍

太陽高度較高
陽光集中於小範圍

赤道

兩地皆有極晝、極夜與極光

在北極與南極2個極區，會發生一些在我們所居住的地方極其罕見的獨特現象，即極晝、極夜與極光等。

入夜後仍很明亮為極晝，夜晚持續不斷則為極夜

　　一開始，讓我們先來了解「極晝」、「極夜」與「極光」等各種現象，並進一步解說為何會發生這些現象。極晝是指在高緯度地區的夏季，太陽不會下山而夜晚仍明亮如白晝的現象。反之，極夜則是指高緯度地區入冬後太陽長時間不升起，使得夜晚

▲極晝現象

持續不斷的現象。最後，極光是從太陽中釋放出的帶電粒子受到地球磁場的吸引，在進入大氣層時與空氣中的氣體分子產生反應而發光的現象，會根據空氣中氣體分子的類型而出現各種顏色。

　　一天之所以會有白天與夜晚，是因為地球持續自轉。此外，地球自轉軸會傾斜並維持23.5度繞著太陽公轉，因而出現春夏秋冬四季。北極與南極

▲極夜現象

的所在地皆離地球自轉軸很近，因此即便地球自轉並公轉，仍一直保持在相同的位置。這便是為什麼白天或夜晚會持續很久。舉例來說，夏季北半球會傾向太陽那側而出現極晝現象，反之南半球則發生極夜現象。然後，到了冬季北半球與南半球則會顛倒過來。此外，極光也是在北極與南極兩地皆可看到的現象，這些將會在其他頁面詳加介紹。

兩地海域皆有無數鯨魚

鯨魚雖然遍布於世界各地的海洋，不過據說其中以北極與南極最為常見。大家知道其中緣由嗎？

北極與南極的海洋中食物豐富

　　北極與南極有一個共通點，即兩地的海洋皆可看到大量的鯨魚。那麼，究竟為什麼能看到這麼多鯨魚呢？一般認為最大的原因是海中含有豐富的食物。主要是夏季期間，北極與南極的海中會增加大量的動植物浮游生物、以這些浮游生物為食的磷蝦與小魚等。如此一來，以鬚鯨為主的鯨魚，會為了覓食而大量洄游至南極海，因此才會說極地海洋中的鯨魚比較多。

　　關於北極與南極的海洋中較具代表性的鯨魚，將於後面幾頁的「各種海洋生物」章節中詳細地逐一介紹。北極海中除了體長接近20公尺的弓頭鯨之外，還有成年後體色會變成白色或乳白色的鯨類「白鯨」（又稱為貝魯卡鯨）等。此外，在南極海則可看到鬚鯨小目中的藍鯨（據說是地球上最大的生物）與齒鯨小目中最大的抹香鯨等。關於鯨魚這種生物，無論今昔皆因世界各地的捕鯨問題而被大眾所熱議。我們不僅要了解鯨魚本身的知識，也務必思考捕鯨的相關問題。

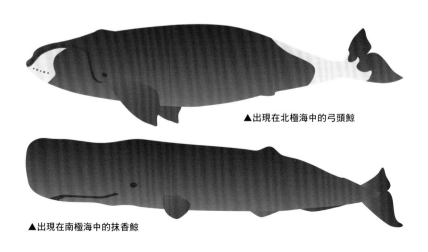

▲出現在北極海中的弓頭鯨

▲出現在南極海中的抹香鯨

什麼樣的狗會成為雪橇犬？

犬橇是指拖曳載著人或貨物的雪橇，可在北極的雪地上穩步移動。然而，並非任何狗都適合拉雪橇。

犬橇為北極地區的傳統移動手段

在北極等寒冷的高緯度地區，馬匹或裝有車輪的工具皆無法作為載運人或貨物的手段。這些地方使用的是「犬橇」。尤其是北極地區，冰層下方為海洋，而雪橇犬可以做出避開冰層裂縫等判斷以免自身落海，是北極原住民族因紐特人的傳統移動手段。1隻雪橇犬所能拖曳的貨物重量應以該雪橇犬本身的體重為基準。舉例來說，由10隻狗拖曳的犬橇，可運送大約400～500公斤的貨物。順帶一提，狗狗的串聯方式有2種，一種是讓狗狗縱向並排串聯的縱隊形法，另一種則是直接將狗狗一隻隻套在雪橇上的扇形法。

有些犬種較適合作為雪橇犬

雖然一律統稱為「狗」，卻不是所有狗狗都適合作為雪橇犬。牠們必須身強力壯且耐寒。因此，雪橇犬通常會採用西伯利亞哈士奇、阿拉斯加馬拉穆犬、薩摩耶犬、樺太犬、格陵蘭犬等體重約在45公斤左右的犬種。這些狗狗腳大且毛多，可在雪地上奔跑而不會陷入雪中或滑倒，皮毛還可保護身體抵禦寒冷。說個題外話，日本南極地區觀測隊中生還的雪橇犬太郎與次郎便是樺太犬。

▲西伯利亞哈士奇

▲阿拉斯加馬拉穆犬

第2章

一起來了解
北極！

「北極」的範圍涵蓋至凍原的南端

定義北極範圍的基準並不是只有一個，而是有許多個。目前認為其中較為合理的是以凍原的南端為界。

在不同的科學領域中有各自的基準

關於大部分為海洋之北極的範圍，在不同的科學領域中皆有各自的基準。後面會逐一介紹這些基準，不過大家對北極的認知，除了「位於遠離赤道的北半球高緯度地區」這種地理上的特色之外，應該還有除了短暫夏季外都相當嚴寒的氣候、陸上冰雪覆蓋且有冰河與海冰等，甚至有地下為永久凍土的凍原景色躍然眼前等等。

接下來就讓我們逐一說明這些基準。目前有好幾種觀點，比如，在宇宙

透過以北極為中心的地圖查看北極的範圍

與天體相關學問的天文學中,是指北極圈(北緯66度33分)以北的地區。此外,根據德國氣象學家柯本所提出的氣候邊界,是指最溫暖月份的平均氣溫為10℃的地區;根據植物地理上的邊界則是指凍原一帶的南端等。如今已可從衛星影像等處獲取資訊,一般認為這些基準中較為合理的是「北極以凍原南端的北方森林界線(亞寒帶針葉林帶的北端)為界」。

北極地區的海陸劃分

　　北極地區中,占最大面積的便是位於中央區域的北極海。至於陸地方面,除了環繞這片北極海的沿岸地區外,還有世界最大的島嶼——格陵蘭島以及北極海的群島。

　　這些陸地的表面又可分為由裸岩(基底岩石裸露出來)、岩屑(岩石的碎片)與土壤所構成的「地面區域」,為冰河或大陸冰河的冰層所覆蓋的「冰雪區域」,以及有湖沼或河川的「水陸區域」。

　　試著觀察冰雪區域與水陸區域以外的地面,會發現凍原景觀最為廣闊。此外,陸地上的地形可區分為低地、平原、丘陵、台地以及山地。冰雪區域則有如前所述的冰層、山岳冰河與地下冰等。

　　本書將北極地區劃分為北極海區、格陵蘭島、加拿大北極區、白令海峽區、西伯利亞北極區,並在後續章節中逐一解說各個地區所具備的特色。不過冰島與斯堪地那維亞半島北部通常不包含在北極地區內。

▲北極海與格陵蘭島的冰山

▲北極的凍原景觀

每個地區的地理特色各異

本節讓我們將北極地區劃分為5個區域來觀察，並且將逐一介紹每個區域擁有哪些特色。

四周大陸環繞的北極海區

　　北極海與太平洋、大西洋、印度洋、南極海（南冰洋）並列為五大洋，又稱為北冰洋。面積約為1,400萬平方公里，最大深度為5,440公尺、平均深度為1,330公尺。中央區域被名為北極海盆的深海區所占據，橫貫其中心的海底山脈羅蒙諾索夫海嶺將其一分為二。

▲北極海

　　入冬後，北極海大部分為海冰所覆蓋，不過有挪威海流等暖流從大西洋一側流入，因此直到位於俄羅斯西北部的莫曼斯克州科拉半島東北部一帶全年皆可航行。

世界最大的島嶼：格陵蘭島

▲格陵蘭島

　　整座島有80％以上為冰層所覆蓋的格陵蘭島是世界最大的島嶼。從冰層外側至海岸為止的大部分為裸岩大地（基礎岩石呈裸露狀態的大地），峽灣相當發達。沿岸的低窪土地有一大片名為極地荒原的荒涼土地與凍原，東南部的岩峰貢比約恩山則為北極地區的第一高峰。以前曾有段時期為丹麥的殖民地，不過現在是丹麥王國的自治區且設有自治政府。

坐擁無數島嶼的加拿大北極區

　　陸地區是由低地與丘陵所構成的地區。昔日資本主義國家與社會主義國

家互相對立的東西冷戰時期，這個地區曾建造許多軍事設施。該陸地區的北部有加拿大北極群島的無數島嶼，世界第5大島嶼巴芬島與埃爾斯米爾島上則有超過2,000公尺的山岳地區。其他群島則是由低矮的丘陵所構成，是凍原景觀絕美的無人島。

▲巴芬島

無冰層覆蓋且已化為陸地的白令海峽區

白令海峽北臨楚科奇海，南接白令海

　　白令海峽位於歐亞大陸與美洲大陸之間。這裡將這道白令海峽兩側的地區視為白令海峽區。這個地區除了多山的阿拉斯加半島與阿留申群島外，皆由平原與丘陵所構成。即便是3萬年前至1萬8,000年前的末次冰盛期，這個地區也無冰層覆蓋。白令海峽則於末次冰期大半化為陸地。

有座斯瓦爾巴群島的西伯利亞北極區

　　西伯利亞北側被稱為大陸棚的區域。該區由東至西分別有弗蘭格爾島、新西伯利亞群島、北地群島、新地島，以及巴倫支海（屬於北極海的一部分）中的斯瓦爾巴群島等，這些大部分為極地荒原。1955～1990年期間於新地島進行了多次核試驗，從而引發放射性汙染。斯瓦爾巴群島上還有煤礦與大學。

▲斯瓦爾巴群島中最大的島嶼「斯匹茲卑爾根島」

北極海是什麼樣的海洋？

北極海與太平洋、大西洋等並列為「地球五大洋」。讓人想要了解它的大小、深度以及是什麼樣的海洋呢。

有5個國家環繞四周的北極海

北極海又稱作北大洋、北冰洋或北極洋，是以北極為中心，有歐亞大陸、北美洲與格陵蘭島等環繞四周的海洋。以國家來看，分別被美國、俄羅斯、加拿大、丹麥以及挪威5個國家所包圍。北極點便坐落於這片北極海內。北極海的面積約為14,060,000平方公里，最大深度為5,440公尺、平均深度則為1,330公尺，比太平洋與大西洋淺了3分之1左右。

四周各大陸地環繞的北極海又被劃分為幾個海域。首先是歐亞大陸一側的俄羅斯北方海域，由西至東分為6區，分別為巴倫支海、喀拉海、拉普捷夫海、東西伯利亞海、楚科奇海與白海。其次是北美洲一側，含括了巴芬灣、波弗特海、格陵蘭海、哈德森灣、哈得遜海峽等海域。北極海的中央區域被這2大海域包圍，並以北極點為中心擴展。此外，來自歐亞大陸的勒拿河、葉尼塞河、鄂畢河，以及來自北美洲的馬更些河等皆流入北極海（參照P10）。

▲四周陸地環繞的北極海

北極海上有無數島嶼

　　我們所居住的日本四面環海且領土中含括許多島嶼，但其實北極海上也有不少島嶼。首先從歐亞大陸一側來看，有斯瓦爾巴群島、科爾古耶夫島、新地島、法蘭士約瑟夫地群島、北地群島、新西伯利亞群島等。接著從北美洲一側來看，則有埃爾斯米爾島、巴芬島、德文島、維多利亞島、班克斯島等。

　　此外，北極海的冰面上有北極熊，海洋則有弓頭鯨之類的海洋生物等無數動物棲息其中，為了保護這些寶貴的生物，人們在北極海沿岸設有不少自然保護區。

　　比如，加拿大領域的北極群島與俄羅斯領域的北極海群島上皆有自然保護區，還有格陵蘭島的東北部有座位於世界最北端之最大的國家公園——東北格陵蘭國家公園。

▲位於北美洲一側的埃爾斯米爾島

有地理上與地磁上的北極點

地球上有2個北極點。一個是地理上的北極點，另一個則是地磁上的北極點。接下來便分別介紹這2個北極點。

地圖上所標註的地理北極點

大家應該都有聽過北極點這個詞彙，那麼北極點究竟是什麼？這裡先針對「地理上的北極點」進行解說。

地理上的北極點是指北緯90度之處。該處為地球自轉軸（即自轉的中心軸）與地球北側地表的交會處，其正上方可以看到北極星。地圖上所標註的北極點便是這種地理上的北極點，又稱為「正北」。

地理上的北極點在這裡

★ 北極星

地理上的北極點

地球自轉軸

若從這個北極點環顧四周，無論是哪個地點皆位於該處的南方。北極點本身並沒有特定長度、寬度與廣度等。再加上海水會不間斷地流動，所以並沒有顯示北極點的標誌等。目前認為北極點坐落於咖啡館島（格陵蘭島北端海上的小島）以北713.5公里的海上（冰上），水深為4,261公尺。因此，巡航的旅客等實際上是看不到北極點的。

不斷移動的地磁北極點

　　剛剛已經解說了地理上的北極點。那麼接下來則針對「地磁上的北極點」進行解說。

　　地磁上的北極點又稱作磁北，假設地球內部有根條狀的磁鐵，磁北即該條狀磁鐵的S極與地球地表的交會處。反之，N極與地球地表的交會處則為地磁上的南極點。

　　地球上有磁力發揮著作用，即所謂的磁場。彷彿有塊巨大的磁鐵置於地球內部，形成磁性（指帶磁氣的物質所顯示出的性質）最強的2個極點，不過該位置每年都會發生些微的移動。

　　既然提到了磁場，機會難得不妨也記住地球形成磁場的機制。地球的內部由外而內是由地殼、地函、外核與內核所構成。位於地函與內核之間的外核因為高溫與高壓而呈液態狀。液狀的外核會緩慢地移動，從而產生強大的磁場，此即地球磁場。

地磁上的北極點在這裡

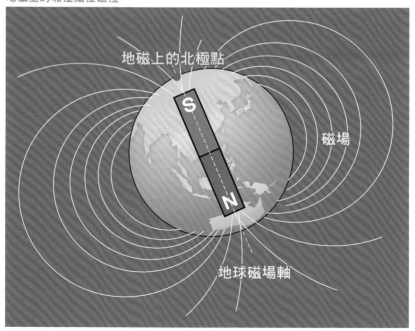

北極的氣候為何？

想必大家都知道北極是屬於氣候嚴寒的區域。然而，其寒冷的程度其實會因為地區不同而有所差異。

北極何處最為寒冷？

　　北極地區有個地理上的特色是，中央區域為海洋，四周則陸地環繞。像這樣海洋與陸地的分布，以及從可說是地球表面陽光反射率最低處之一的海平面到陽光反射率最高的冰雪區域之變化，與由於冰雪融化抑制了溫度上升等，這些都對北極氣候的形成過程造成莫大的影響。

　　北極點並非北極最低溫之處。該地區可分為西伯利亞與加拿大的多島海2個區域。順帶一提，有紀錄顯示，北極的最低氣溫為－71℃，出現在西伯利亞的奧伊米亞康。

　　北極所在的北半球有歐亞大陸與北美大陸2大洲。這兩大陸地的東部地區夏冬兩季溫差愈來愈大。相較之下，陸地西部沿岸一帶的氣候較為溫暖，季節差異也不大。北極也一樣，氣候的分布不僅存在著南北差異，從東西來看也有不同之處。

▲西伯利亞的奧伊米亞康，創下北極最低氣溫的紀錄

氣候的特色可分為2類

德國與俄羅斯的氣象學家兼氣候學家弗拉迪米爾·彼得·柯本從生態學這門學問的思維出發，構思出所謂的氣候分類法。依循這個方法來觀察，北極的氣候可大致分為2類，分別為寒帶氣候中特別嚴寒且最暖月份平均氣溫不低於0℃的「冰原氣候」，以及最暖月份平均氣溫為0℃以上10℃以下的「凍原氣候」。

首先是冰原氣候的地區，包括格陵蘭島冰層、加拿大的北極海群島與北地群島等北極海上的群島，這些地方皆為冰河所覆蓋。不僅如此，被廣闊且永久不變的海冰所覆蓋的北極海主要區域亦含括其中。

另一方面，凍原氣候地區廣泛分布於圍繞北極海的陸地，厚厚的永久凍土層深達地底數百公尺。這些凍原氣候的地區入夏後會因被稱作活動層的表層融化而變成排水不良的土地，成為蘚苔類與地衣類叢生且灌木四處生長的凍原地區。

▲冰原氣候的北地群島

北極的暖化比其他地區更為顯著

想必大家都曾從新聞等聽到「北極的冰正在融化」這樣的消息。那麼，現在北極的暖化情況為何呢？

預測成真的北極暖化問題

　　暖化所造成的影響在地球各地區儼然成為一大問題，北極的暖化是什麼原因所致？又因此引發了什麼樣的狀況？據說運用電腦進行的研究其實早在1970年代便已預測，相較於其他地區，北極從秋季至冬季的氣溫，尤其是地表附近的溫度，將會極端地大幅上升。近年的觀測基本上證實了該預測已然成真。這個現象被稱為北極放大效應（Polar Amplification 或是 Arctic Amplification）。

　　北極有原住民族生活其中，還有珍貴的生態系、資源的開發與北極海的航線等，無論從社會層面還是地球科學的角度來看，都是世界上至關重要的地區之一。

　　北極有格陵蘭島冰層與永久凍土，恐怕會因為冰融化導致海平面上升或釋放出甲烷氣體等。甲烷為溫室氣體，據說可能會進一步加速暖化，甚至預測指出，到了21世紀中葉左右，夏季時期的北極海冰層將會消失殆盡。人們擔心位處高緯度的北極的氣候變遷，不僅會影響到北極地區，恐怕也會波及到中緯度與低緯度地區。

冰雪反照率現象的循環示意圖

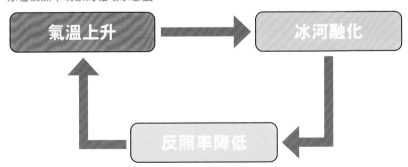

北極暖化的進展為何？

據說與世界其他地區相比，北極的暖化格外顯著。這種時候經常被舉出來當作例子的就是被稱為冰雪反照率（Ice albedo feedback）的現象。這裡的反照率是指對地表陽光的反射率。

一旦因為某些原因導致氣溫升高，冰雪會融化使得反照率低的海平面上升，陸地上的植物或土壤則會暴露出來。反照率愈低則陽光吸收率愈佳，因此暖化會加速。

然而，實際發生的情況則會像是下圖一樣，其他各式各樣的狀況也會同時發生，並進行著能量的交換。舉例來說，近年北極海冰減少的時期雖然以夏至秋季較為顯著，但地表附近的氣溫上升則以太陽幾乎不升起的秋至冬季時期較為顯著。

當然，還涉及了其他各種過程，比如海水蒸發帶走隱於海面的熱能等，世界各國的研究人員正試圖藉由逐一確認每個過程，以釐清北極的暖化比其他地區還要顯著的情況。

從大氣角度觀察北極的能量交換（省略陸地區域）

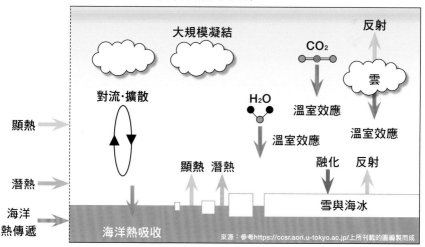

來源：參考https://ccsr.aori.u-tokyo.ac.jp/上所刊載的圖繪製而成

顯熱…指溫度上升或下降時產生變化的熱能

潛熱…指蒸發或凝固等僅狀態發生變化而溫度不變的熱能

大規模凝結…指較大規模的凝結，氣體變成液體的現象即謂為凝結

31

在上一個冰期曾有更大的冰層

廣泛覆蓋整塊陸地的冰河稱為「冰層」。北極至今仍留有冰層，不過以前曾有更廣闊且巨大的冰層。

冰層會為陸地提供水蒸氣

格陵蘭島冰層是如今北極圈內僅存的冰層（大陸冰河）。後面幾頁會針對格陵蘭島冰層進行詳細的介紹，不過之所以存在這片冰層有一個主要的原因。那就是流經格陵蘭島南側沿岸的西南向海流，再加上東北向橫穿北大西洋的風，為格陵蘭島的陸地提供了大量的水蒸氣。

格陵蘭島冰層

白色部分皆為
格陵蘭島冰層

Photo by Eric Gaba

另一方面，由於緯度高於格陵蘭島且無陸地的北極點周邊，以及與北極海周邊的格陵蘭島位於同緯度的陸地上皆沒有冰層，因此不具備提供充足水蒸氣的條件而乾燥不已。

如前所述，如今北極圈內僅餘格陵蘭島冰層。那麼，在久遠的過去又是如何呢？在現在之前的冰期（冰河期），除了至今猶存的格陵蘭島冰層外，北美大陸與歐亞大陸西北部的中緯度地區都曾形成相當巨大的冰層。

北極與南極的冰層形成過程各異

　　冰期的冰層規模之所以比現在還要大，是因為大西洋為中緯度地區提供的水蒸氣化作降雪，使夏季的氣溫降低並持續到下一年。在中緯度地區等處所形成的冰河會逐漸成長，並往四周廣闊的陸地擴大面積。其中一部分是往北極方向擴展開來。

　　南極洲四面被海洋環繞。因此會由南極海直接提供水蒸氣，從而形成冰層。

　　相對於南極洲，北極海四周乾燥的陸地上並不會直接形成冰層，是往低緯度方向形成的冰層擴大才有冰層的存在。關於南極的冰層，將會在南極的頁面加以探討，不過不妨先記住一點：即便同為冰層，北極周遭的冰層與南極的冰層的形成過程不盡相同。

南極冰層覆蓋著南極洲的中央區域（以衛星照片編製的南極合成照）

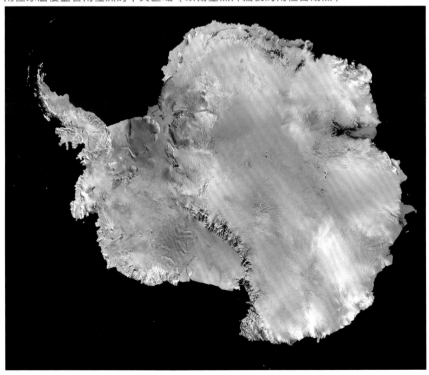

格陵蘭島冰層為淡水冰的集合體

據說這幾年來格陵蘭島上的冰正在持續減少當中。究竟發生什麼事導致了這個情況呢？

如果格陵蘭島的冰融化了

　　格陵蘭島是位於北極的世界最大島，80％的陸地為冰所覆蓋，統稱為格陵蘭島冰層。格陵蘭島冰層是第二大的淡水冰集合體（淡水＝幾乎不含鹽分的水），僅次於第一大的南極冰層。這些冰相當於地球上可用淡水的約10％。

　　據說，如果格陵蘭島冰層的冰全部融化，海平面將會比現在上升約7公尺。不妨試著以大樓的高度來想像一下這個數字。假設大樓的1層樓高約3公尺，7公尺竟然可達3樓的高度。

　　格陵蘭島大部分地區皆酷寒無比且一整年都不停地下雪，而且大部分積雪到了夏天也不會融化。新落下的雪會逐漸堆積在之前的積雪上。之前餘留下來的積雪，則會因為不斷堆積其上的雪的重量而被壓縮，逐漸由雪轉為冰。

此處為格陵蘭島（紅色部分）

80％的陸地為格陵蘭島冰層所覆蓋

格陵蘭島冰層的冰在重力的作用下，會以極緩慢的速度變形，並如下圖的箭頭所示般往下逐漸流動，冰層邊緣部位與海洋相接之處的冰則會斷裂並流入海中。這些即為冰山。如果冰並未像這樣流入大海，會發生什麼狀況呢？

新落下的雪應該會逐漸堆積而冰層隨之增厚。然而，實際上冰層會化作冰山並流入海中而維持一定的厚度。不過這些現象的前提是，氣候或環境並未發生變化。

近年來，格陵蘭島冰層的冰的質量急遽下降。探究這個現象發生的原因，是因為暖化造成夏季融冰量增加、冰的流動速度增加，導致流入大海的冰量隨之增加。這些格陵蘭島冰層的質量下降不僅涉及海平面上升與海洋循環機制等，也與全球規模的氣候變遷息息相關，因此格陵蘭島冰層的動向備受世界矚目。

歐美的研究人員比日本早一步展開格陵蘭島冰層的相關研究。此外，日本的研究人員們也於歐美研究人員尚未研究的地區（格陵蘭島西北部的冰層邊緣附近），自2012年起展開觀測。一般認為，格陵蘭島冰層質量下滑的問題今後還會繼續加速，因此有必要長期收集數據。

格陵蘭島冰層變遷機制的示意圖

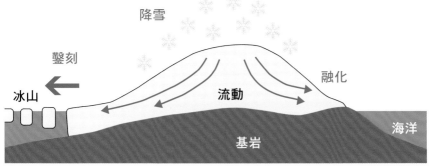

来源：參考https://j-arcnet.arc.hokudai.ac.jp上所刊載的圖編製而成

北極地區有一大片入夏後也不會融化的永久凍土

0℃以下的溫度維持超過2年的土地即稱作永久凍土。這些土地大多分布於北極所在的北半球。

北極地區地下有片廣闊的凍土

「凍土」即結凍的土壤。這個詞彙是進入16世紀後才首度出現在文獻中。但另一方面，該地域的原住民一直以來都知道永久凍土的存在。這究竟是什麼原因呢？

這是因為他們在夏季建造住所時，會不斷挖掘地面直到觸及凍土，或是為了保存狩獵所得的獵物而挖掘凍土以作儲藏庫之用。

永久凍土占了地球陸地面積的14%，亦存在於南半球，但大多分布於北半球。以北極為中心往高緯度地區擴展開來，分布最廣的便是西伯利亞。不僅如此，還分布至格陵蘭島、阿拉斯加州與加拿大北部。

北半球的永久凍土位於會季節性反覆結凍與融化的地表層（活動層）下方，一般由南至北會愈來愈厚。到了加拿大北部的南界地區會發現，有些地方並非連綿不斷的永久凍土，而是隨處可見的局部永久凍土，即所謂的分散性永久凍土。

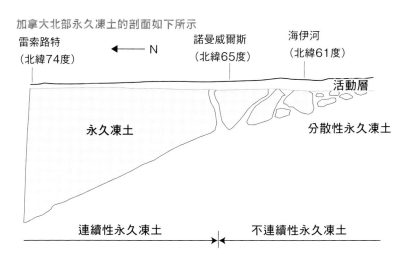

加拿大北部永久凍土的剖面如下所示

雷索路特（北緯74度）　　←—N　　諾曼威爾斯（北緯65度）　　海伊河（北緯61度）

活動層

永久凍土　　　　分散性永久凍土

連續性永久凍土　　　不連續性永久凍土

西伯利亞的永久凍土現況為何？

　　永久凍土與冰層（大陸冰河）等一樣，從數百萬年前起便不斷反覆擴張與縮小。

　　北極海沿岸的海底至今仍存在一層被稱為海底永久凍土的凍土層。這是在末次冰期（約7萬年前至1萬年前為止）前後，海平面比現在低約120公尺，在永久凍土成形後，因暖化造成海平面上升而留於海底。

　　那麼在此讓我們一起來了解西伯利亞永久凍土的分布。西伯利亞的永久凍土以名為葉尼塞河的河川為界，在西西伯利亞是分布於北極海的沿岸地區，在東西伯利亞則廣泛分布於北極海沿岸至蒙古中部與中國東北部。這是為什麼呢？

　　這是因為西西伯利亞在末次冰期時被厚度超過1,000公尺的冰層所覆蓋而未能形成永久凍土，相對於此，無冰層覆蓋的東西伯利亞位處平均氣溫比現在低10℃的環境之中，因而形成厚達數百公尺的永久凍土。

永久凍土位於活動層的下方

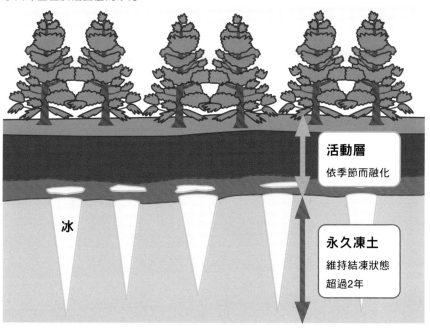

活動層
依季節而融化

冰

永久凍土
維持結凍狀態
超過2年

世界上最北端的原住民部落在哪？

北極有原住民居住，其中位置最北的原住民部落為西奧拉帕盧克村。
這是一座什麼樣的村落呢？

世界最北的原住民部落位於格陵蘭島

格陵蘭島的西北地區有4個鎮村，以該區最大城鎮卡納克（Qaanaaq）為中心，還有凱凱塔特村（Qeqertat）、薩維斯維克村（Savissivik）與西奧拉帕盧克村（Siorapaluk）。其中西奧拉帕盧克村為世界上最北的原住民部落。這座村莊位於北緯78度附近，至今仍有相當於加拿大移民直系後裔的村民居住於此。

聽到北極原住民所聯想到的人類文化特色，不外乎獵捕海豹等動物，並以牠們作為糧食。據說這座西奧拉帕盧克村中，昔日也有不少人以狩獵維生，不過近年來因為動物保護的問題等，幾乎不再有人靠狩獵維生。不僅如此，如今持續推動基礎設施（指煤氣、自來水、道路與電氣等支持生活的基礎事物）的整頓等，很多人都搬到大城市居住，使得村民逐漸減少。雖然西奧拉帕盧克村離日本很遠，但其實是與日本人淵源深厚的村莊。以「成為愛斯基摩人的日本人（1989）」而聞名的大島育雄先生於1972年遷居至此地，並以獵人身分在西奧拉帕盧克村生活，這便是其中一例。

格陵蘭島上的西奧拉帕盧克村

　　西奧拉帕盧克村是世界最北的原住民部落，其自然與氣候的現況如何呢？

　　西奧拉帕盧克村坐落於北極圈內，天氣嚴寒自不待言，氣候更是寒帶氣候中最暖月份平均氣溫為10℃～0℃的典型凍原氣候。尤其是有強勁的內陸風（即所謂的「Avangnaq」）吹拂為一大特色。Avangnaq這個詞彙是格陵蘭島北部因紐特人的語言，意指「從北方吹來的強風」。風與雪宛如暴風雪般猛烈刮下，不僅讓人感受到這片極北地區的大自然是何等的嚴酷，還能感受其宏偉。

　　這座西奧拉帕盧克村中也會發生在第1章中我們曾介紹過的「極晝」與「極夜」現象。而且這種極晝與極夜會持續約4個月，相當於1年的3分之1。尤其是極夜期間，嚴寒程度會加劇，據說氣溫有時會下探至－40℃。要在這般嚴酷的環境中生存是一件相當艱辛的事。在這裡生活的人們著實了不起呢。

▲西奧拉帕盧克村的沙灘（2010年8月）　Photo by Seefan2012

第2章 一起來了解北極！

北極的天體秀：「極光」

極光是一種上層大氣的發光現象，主要出現在南半球與北半球遠離赤道的地區。在北極的哪些地方可以看到呢？

極光為色彩豐富的發光現象

美麗的極光宛若天空中掛著光幕。極光（Aurora）在拉丁語中為「黎明」之意，在日本亦稱作「極光」。在第 1 章已經解說過，這種發光現象是從太陽中釋放出的帶電粒子受到地球磁場的吸引，當帶電粒子進入大氣層時，其與空氣中的氣體分子產生反應而發光。

涉及極光發光的主要氣體為氧原子與氮分子。氧原子會發出紅光或綠光，而氮分子離子則會發出藍光等，不同氣體各會散發出不同的特殊光輝。此外，極光的顏色與極光電子的能量也有關係。能量低會散發紅光，隨著能量升高則會分別發出綠光、藍光與粉紅光。極光便是以此為我們展現其豐富的色彩。

順帶一提，雖然在南極地區也能看到極光，但是兩地的稱呼稍有區別，在北極地區看到的極光稱為「北極光」，在南極地區看到的則稱為「南極光」。

▲北極圈的極光

範圍廣泛的極光帶

　　極光在有些區域出現的頻率較高，該區即稱作「極光帶」。極光帶這個詞彙是指「統計上較常出現極光、磁緯度65度至70度的地帶」。此外，有些區域稱作「極光環帶區（Auroral Oval）」，這個詞彙是指從外太空觀察地球時，「時時刻刻皆會出現極光的地方」。據說這個極光環帶區的形狀與位置會隨著時間等而發生變化。

　　若從北半球來觀察極光帶，是從阿拉斯加州橫跨加拿大、格陵蘭島南端、冰島，甚至是斯堪地那維亞半島北端的區域。下圖顯示了北極極光帶的位置。只要走訪此圖中的極光帶地區，天氣晴朗的夜晚，會更有可能目睹美麗的極光。

北極極光帶的位置

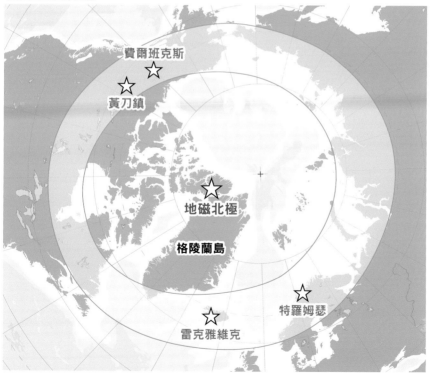

費爾班克斯

黃刀鎮

地磁北極

格陵蘭島

特羅姆瑟

雷克雅維克

北極的各種陸地生物【北極熊】

北極的陸地上有相當多樣的陸地生物棲息其中。其中較具代表性的非北極熊莫屬。接下來便逐一介紹這種生物有什麼樣的特色。

北極最強的肉食動物

　　雄性北極熊的體長約為2～2.5公尺、體重約為400～600公斤，雌性的體長約為1.8～2公尺、體重約為200～350公斤。是陸地上體型最龐大的肉食動物，在北極生態系的食物鏈中是最強的掠食者。北極熊雖然是生活在陸地上的動物，但實際上牠們卻幾乎在冰層覆蓋的海上度過一生。牠們是游泳高手，在水中的游速可達每小時約10公里。

以精湛的狩獵技巧殺死獵物

　　4月底至7月中相當於海豹的繁殖期，對北極熊而言是相當重要的狩獵季節。牠們發現在冰上休憩的獵物後，會先潛入海中以免被對方察覺，再從冰緣處接近並襲擊。北極熊長大後主要以捕獲的獵物的脂肪為食，而小型環斑海豹的寶寶成為其重要的營養來源。後面還會加以解說，不過以脂肪為食是在嚴寒中生存必不可少的。除了海豹外，北極熊還會捕食海象、白鯨、魚類等。

▲北極熊主要以獵物的脂肪為食

抵禦嚴寒的身體構造

　　北極熊具備頑強的生命力，足以抵禦冰點以下40℃的嚴寒與強風。牠們能夠抵禦嚴寒的原因在於身體的構造。北極熊的體毛呈中空狀，可在裡面儲存溫暖的空氣，從而提高保溫效果。不僅如此，牠們吃獵物的脂肪所儲存的脂肪層有時厚達10公分以上，且身體上有密集生長的短毛與防水性佳的長毛而呈雙層構造，因此即便被水沾濕，體溫也不會下降，使其足以承受北極的酷寒。

育兒期間不會懷孕

　　此外，北極熊的雌性個體生產時，一般的情況會產下2隻幼熊。據說母北極熊會投注2年半左右的時間來養育孩子，在這段育兒期間，母北極熊都不會再度懷孕。

　　母熊生下幼熊後，最快也要3年左右的時間才會再次懷孕，而幼熊則需要經過5～6年才能開始繁殖。因此，如果發生了對於繁殖會造成不良影響的事態，可能需要更長時間才能恢復個體數量。

▲北極熊是以厚厚的脂肪層與體毛來抵禦寒冷

北極的各種陸地生物【其他】

除了北極熊外，北極陸地上還棲息著各種動物與植物。接下來便逐一介紹較具代表性的生物。

純白色毛髮覆蓋全身的北極狼

北極狼的體長約為120～165公分，雄性個體比雌性更大，雄性長大後的體重可達約80公斤。在所有種類的狼中，棲息於最北的地區，覆蓋全身的毛髮為可融入雪景中的純白色，以長長的犬齒來殺死獵物。其特色在於，不僅名為口鼻部的嘴巴長度比其他狼還要短，連耳朵都比較小，牠們便是以此來抵禦北極的嚴寒。

北極狼會獵食後面將要介紹的麝牛、北極兔、馴鹿，以及日本名稱為旅鼠的田鼠亞科旅鼠、魚類與海象等。此外，其生態等仍有許多未知之處，據說還有「幻影白狼」之稱。

▲北極狼比一般的狼還要大

什麼都吃的北極狐

體長約為50～60公分的北極狐是極其耐寒的動物。其中一個原因便是牠們的毛髮既深且濃，具備能有效交換熱能等的構造，因此可保護足部免於凍傷，還可充分儲存體脂肪等。此外，其毛色夏季為褐色，入冬後則會變成白色。

這種北極狐的食物十分多樣，比如北極熊吃剩的東西、自行獵捕的魚、北極兔與環斑海豹的幼獸等。據說牠們還會吃爬蟲類、兩棲類，甚至是鯨魚或海象等的屍體，可說是來者不拒。此外，牠們冬天還會在地面下挖洞以儲存食物等，是相當聰明的動物。

◀北極狐冬天毛髮會變成白色

以各種植物為食的麝牛

雄性麝牛的體長超過2公尺、雌性為2公尺左右，雄性個體的體重最高可達約650公斤。有堅硬的表面長毛及大量柔軟的短毛覆蓋其身體。雌性會和幼獸一起生活，夏季分散形成小群體，冬季則組成大群體。另一方面，雄性則是單獨或僅與其他雄性個體組成小群體一起生活。

麝牛在敵人來襲或風大且寒冷刺骨時，成牛會面向外側形成一個圓，將幼獸圈在裡面加以保護。此外，牠們是以草或樹葉（樺樹、柳樹）等為食。雄性在繁殖期進行交配時，會散發出麝香的氣味，一般認為此舉為其名稱之由來。

▶麝牛無論雄雌皆有一對往外側上方延伸的角

腳很長的北極兔

北極兔的體長為43～70公分、體重約為2.5～5.5公斤，有些個體會超過7公斤，為現存兔形目中最大的品種之一。牠們會隨著環境或季節而換毛，連毛色都會有所變化，冬季會變成純白色。春夏則轉為褐色或灰色，從周遭來看會以為是岩石或植物。不過，在夏季短暫的北方地區，牠們一整年都是通體雪白。

此外，長腳亦為北極兔的一大特色。因此，牠們站起來的姿態看起來不像我們印象中的兔子。牠們通常是單獨行動，但偶爾也會組成大群體；以木本植物為主食，但也會吃草本植物。這些北極兔會成為北極狼或北極狐等鎖定的獵物。

▶北極兔能以每小時超過60公里的速度奔跑

有一對分枝雄壯鹿角的馴鹿

馴鹿的體長約為1.2～2.2公尺、體重約為60～300公斤，並且能以每小時約80公里的速度奔跑。日本名稱亦稱作馴鹿，英語為「caribou」或「reindeer」。鹿科中，唯獨馴鹿是雄雌皆有對鹿角的。這對分成多枝的鹿角十分雄壯，不僅可在繁殖時期與雄鹿之間的打鬥中派上用場，還肩負刨雪取得食物的作用。

馴鹿是種草食性較強的雜食性動物，夏季以草或樹葉為食，偶爾會吃小動物，冬季則會刨挖雪地，吃長在地面的地衣類（地衣植物）維生。馴鹿會成群結隊並依季節進行大規模的遷徙，其天敵包括狼與別稱為黑獾的貂熊等。

▲雄性與雌性馴鹿長角的時期各異

強勁生長的各種北極植物

　　北極雖為冰雪所覆蓋，夏季期間仍會長出形形色色的植物。隸屬於薔薇科的仙女木是高約5～10公分的多年生草本植物。幾公分長的莖部末端會在夏季開出花朵，有8片圓狀的白色花瓣，與向日葵一樣會隨著太陽的位置改變方向。在日本是生長於北阿爾卑斯山、八岳與北海道等地，但一般被視為變種。

▲經常群生於岩石區的仙女木

　　名為無莖蠅子草的多年生草本植物是一種貼著地面生長的植物。高約1～3公分。日本名稱為「羅盤花」，如苔蘚般呈地毯狀群生，6～8月則會開出粉紅色的花。據說大多數情況下是從南方開始綻放，因此又有「指南針植物」之稱。

▲花開到覆蓋地面的無莖蠅子草

北極也有昆蟲

生活在北極陸地上的生物，不僅限於體型龐大的動物。有植物生長，意味著也有昆蟲棲息其中。基本上昆蟲是不耐寒的生物。然而，有一種生活在酷寒北極的昆蟲名為阿拉斯加獨角仙，其成蟲可承受冰點以下60℃的溫度。其體型約為18毫米，棲息於樹皮或枯木上。此外，還有一種名為小紅珠絹蝶的蝴蝶是在嚴冬孵化出幼蟲，即便身處接近冰點以下30℃的環境中仍可存活。受到地球暖化的影響，這種小紅珠絹蝶的棲息地遭受破壞，而成為面臨絕種危機的保護種。

北極的各種海洋生物

北極海中有各式各樣的海洋生物棲息其中。接下來讓我們逐一介紹究竟有哪些生物。

脂肪層很厚的弓頭鯨

　　弓頭鯨出生時的體長約為4～4.5公尺，成年後約為15～18公尺，體重則會長到100公噸。特色在於雌性個體比雄性大，且脂肪層比其他任何動物都厚實，有些甚至可厚達約70公分，十分驚人。此外，出現在鬚鯨亞目動物上顎部位的鯨鬚是纖維呈板狀的器官，弓頭鯨的鯨鬚是鬚鯨中最長的，超過3公尺。牠們的顱骨骨頭很粗，據說在呼吸時會利用其顱骨由下往上擊碎冰塊。

　　此外，弓頭鯨是鬚鯨中唯一會在北極海及其周邊地區度過一生的物種，並以形態近似蝦類的浮游生物磷蝦或浮游動物為食。除了人類之外，唯有虎鯨會捕食這麼巨大的弓頭鯨。

▲弓頭鯨都是單獨或以最多6隻左右的小群體來移動

成年後體毛會變成灰色的豎琴海豹

　　成年的豎琴海豹體長約為1.8公尺、體重約為180公斤。幼年時期全身覆滿白毛，隨著成長則會逐漸換成灰毛，並出現如英文字母「U」字倒置般的斑狀紋路。這些斑紋看起來很像樂器中的豎琴，也是豎琴海豹這個名稱的由來。

　　豎琴海豹是棲息於海洋或冰河上方等處的物種，有時也會組成大群體生活。其食物為魚類、甲殼類與軟體動物等，天敵則是鯊魚、虎鯨與北極熊等。人類有一段時期為了從這些豎琴海豹身上獲取脂肪與毛皮而隨意捕獵。至今牠們仍是被人狩獵的對象，據說加拿大、挪威、俄羅斯與格陵蘭島等地皆很盛行狩獵這些海豹。

◀豎琴海豹幼年時期的體毛為白色，長大後會變成灰色

獠牙發揮著各種作用的海象

　　海象成年後的體長約為3.7公尺、體重約為2公噸。特色在於皮膚厚實，有些地方厚達2～4公分。此外，皮膚雖無體毛，卻覆蓋著厚厚的脂肪，因此很適應寒冷地區的生活。無論雄雌皆有對發達的獠牙，有些雄性的獠牙可長達1公尺，發揮著各種作用。比如，在雄性之間的打鬥中，可向對手展現優勢與年齡，或化作抵禦外敵的武器。此外，海象會利用獠牙作為在海底挖掘獵物的工具，或是從海中上陸時作為支撐。

　　海象主要以雙殼貝為食，也會吃章魚等軟體動物、蝦子等甲殼類等。海象的幼獸有時會遭虎鯨或北極熊捕食。雄性之間會為了爭奪雌性而打鬥，勝出的雄性可虜獲多頭雌性，形成自己的後宮。

▶在打鬥中勝出的雄性海象會形成自己的後宮

具有高度社會性的白鯨

白鯨又稱作「貝魯卡鯨」，體長約為4.5公尺、體重約為1.5公噸。會發出如哨聲、鈴音與Ki-ki等各種叫聲，由於其中某些叫聲從空中也能聽得到，因此又有別名為「海中金絲雀（Sea Canary）」。

白鯨是具高度社會性的動物，通常與同一代的同性成群行動，吃烏賊、鮭魚、螃蟹等甲殼類等維生。曾遭北極熊攻擊而受傷的白鯨不在少數，白鯨的掠食者亦包括虎鯨等。

除了日本外，北美與歐洲等地的水族館等也持續展示並飼育著白鯨。日本是1976年9月於鴨川海洋世界首度對外公開。

▲有時也會出現在日本近海的白鯨

活動量相當大的獨角鯨

獨角鯨的體長約為5公尺、體重約為1公噸。雄性有一根由前牙變形而成的角（牙），其長度有的甚至超過2公尺。這根角一旦折斷，就不會再長出來。

身體大部分為藍白底加上褐色斑紋，不過頭部、胸鰭、背鰭邊緣等處為黑色。然而，上了年紀的獨角鯨會逐漸變成幾乎全白。

獨角鯨是種可快速採取適切行動且活動量相當大的哺乳類動物，主要以鱈魚類的魚為食。到了繁殖期，雄性之間會為了爭奪雌性而競爭，此時便會用到角。不過據說牠們並非用角對撞，而是以長度等來決定優劣。與海象一樣，獲勝的雄性即可征服許多雌性並組成後宮。

▲也很擅長潛水的獨角鯨

可潛入海底深處的崖海鴉

　　除了北極海之外，崖海鴉還廣泛分布於北太平洋與北大西洋，是種背部為偏黑的褐色、腹部為白色、腳位於尾巴附近且尾巴與翅膀都很短的海鳥。體長約為 40 公分、體重約為 1,160 公克，從外表來看，與同為海鳥的巨嘴鴉極其相似。此外，牠們筆直站立行走的身姿看起來很像企鵝。

　　崖海鴉是利用翅膀在水中游泳，可潛至水深 50 公尺處長達 3 分鐘左右。牠們會捕食烏賊、柳葉魚等的幼魚、花鱸等。

　　這種崖海鴉的親鳥是一些海獸（鯨魚、海豹與海獅等棲息於海中的哺乳類）或生活在陸地上的哺乳類所鎖定的獵物，其卵與雛鳥則會被大型海鷗類或鴉科盯上。進入繁殖期後，牠們會在無人島或陸上掠食者無法靠近的懸崖上等處打造集體繁殖地。

▲崖海鴉翱翔時會貼近海面飛行

北極以前曾有一種神似企鵝的鳥

說到企鵝，不管是誰應該都會回答「是南極的生物」吧？其實「企鵝」這個名稱最早是指稱北半球一種名為「大海雀」的鳥。
據說是歐洲船員在南半球航行時發現近似大海雀的鳥類，於是開始稱之為企鵝。大海雀棲息於格陵蘭島、愛爾蘭與蘇格蘭等地，不過遺憾的是，這種北半球的企鵝於 1800 年代中葉便已滅絕。北半球的企鵝就此消失，「企鵝」如今成了南極較具代表性的生物。

已發現的各種生物化石

目前已經在北極發現了好幾種生物的化石。那麼接著就一起來探究遠古北極地區有哪些生物吧。

有對長獠牙的猛瑪象

猛瑪象有著如大象般的長鼻、長且彎曲的獠牙以及小耳朵，是距今約480萬年前至4,000年前期間存在於地球的哺乳類。日本在2008年已於長野縣佐久市發現了猛瑪象的牙齒與獠牙的化石，不過北極也曾經有猛瑪象存在。猛瑪象為了抵禦嚴寒的氣候而於肩膀處儲存油脂，因此比大象還要高大。此外，牠們因為全身覆滿了毛而成為耐寒的生物，一般認為是於最後冰河期滅絕的。

恐龍也曾存在於北極

距今約9,960萬年前至約6,550萬年前期間即所謂的中生代白堊紀後期，直到白堊紀後期都有恐龍棲息於北極。從現在的北極可能很難想像，不過在恐龍存在的時代，北極也有豐饒的森林。然而，氣溫從白堊紀後期起逐漸下降並開始形成冰河。這個時期恐龍、翼龍與魚龍開始大滅絕。下一頁將根據在北極發現的恐龍等各種化石來探究北極曾有哪些生物。

已在北極發現化石的生物

■白熊龍

生活在中生代白堊紀的肉食性恐龍。屬於暴龍科，體長約為7公尺。被認為是北極最強的掠食者，已於阿拉斯加州北部發現其化石。

■提塔利克魚屬

一般認為是生活在古生代泥盆紀的生物，擁有介於魚類與四足動物之間的特色。魚類的身體上有著如足部般肌肉發達的4個魚鰭。已於加拿大北部的埃爾斯米爾島發現其化石。

■北方篩蝦

一種原始的蝦類，生活在古生代寒武紀。一般認為牠們會如鯨魚般利用觸手支解並吃掉浮游生物等。大小與成人手臂差不多，已於格陵蘭島北部發現其化石。

■駱駝

如生活在現代世界的駱駝般，背上有駝峰，並利用囤積於駝峰中的脂肪在冬季維持自身體溫。已於加拿大北部的埃爾斯米爾島發現其化石，一般認為是生活在新生代上新世。

全球矚目的能源資源

北極不僅僅是冰雪覆蓋的地區，其實還擁有無數寶貴的資源，
全世界都在關注其豐富的資源。

北極海是一座珍貴的資源寶庫

被問到北極的資源，可能很多人都會回答「冰」。這些冰雖然也是重要的資源之一，不過北極還有其他各式各樣的資源。這些資源包括石油、煤炭與礦物等。

此外，目前已經知道北極海裡還埋藏著分量可觀的天然氣。自從北極的這些經濟價值為世人所知後，許多國家都開始產生興趣。

尤其是北極海稱為大陸棚的地方，已證實埋藏著無數寶貴的能源資源，除了石油、天然氣與甲烷外，還有鎳、銅、鐵礦、鈾，甚至是鑽石等，美國與加拿大等海外國家皆已著手開發。然而，我們必須知道一點，隨著開發的推動，也引發了其他的問題。據說石油公司所製造出的汙染物質已經危及北極的生態系。

▲目前已於北極海進行石油開採

於北極推動開發的各國

　　環繞北極海四周的陸地大多隸屬於俄羅斯這個國家。俄羅斯聯邦西伯利亞西北部的亞馬爾半島，以及構成俄羅斯聯邦的薩哈共和國中，皆有建在永久凍土上且成為資源生產據點的城鎮，參與俄羅斯能源資源開發的人們就居住在這些地方。

　　此外，位於美國最北端的阿拉斯加州北部已經發現多座產出石油的油田，挖掘永久凍土地帶所產出的原油，會經由輸油管線縱貫阿拉斯加州送往南部。即便人們就像前面所說的，在北極大量投資於資源開發，其能源資源仍足以取得收支平衡。

　　然而，坐擁資源有時也會成為衝突的導火線。為了避免發生衝突，各個國家之間都必須充分商議並互相合作。

▲運送原油的阿拉斯加州輸油管線

水產資源也很豐富

北極有片名為北極海的廣闊海洋。前面章節已針對其能源資源進行了介紹，不過這個地區的水產資源也很豐富。

北極海裡有許多水產資源

第2章 一起來了解北極！

海洋在災害發生等時候會化作威脅我們人類的危險存在，卻也是支撐人類等各種生物之生命的重要存在。據說北極海與北太平洋、北大西洋中，可獲取相當於全球產量約40％的水產資源。19世紀以後，世界各國之所以紛紛於北極建造基地，除了看上其擁有的能源資源外，豐富的水產資源也成為目標。

在北極海可以捕獲的水產資源包括黃線狹鱈、鱈魚、鮭魚、鯡魚等我們也很熟悉的各種魚類。有125種以上的魚類棲息其中，且每種的個體數至今仍持續增加。受到地球暖化的影響為個體數增加的主要原因之一。據說為冷水性魚類的黃線狹鱈、鱈魚與鮭魚等，以前的棲息地都遠離水溫過低的北極海。然而，如今卻會避開因為地球暖化而溫度上升的海域，遷徙至北極海周邊。

▲在北極海可捕到的代表性魚類：大頭鱈、鮭魚、鯡魚與黃線狹鱈

穿越北極海前往歐洲

　　北極海不僅能源資源與水產資源豐富，還是日本船隻通往歐洲的一條重要新航線。從日本出發的貨船要前往歐洲會利用「南向航線」，先通過東南亞的麻六甲海峽，再通過中東與非洲之間的蘇伊士運河。然而，這條路線的航行距離長，運送裝載貨物需要大量時間與燃料，因此費用高昂。這使得「北極海航線」受到矚目。

　　北極海航線是一條先通過位於俄羅斯與美國交界處的白令海峽，橫越北極海後抵達歐洲的路線。

　　利用這條航線即能夠以最短距離連結日本與歐洲，因此可能帶來節省時間與燃料費、降低成本等優點。但也存在著問題：北極海航線只能在冰減少的夏季期間航行、需要能在冰海中航行的特殊船隻或破冰船、在俄羅斯沿岸航行時須事先取得許可等。

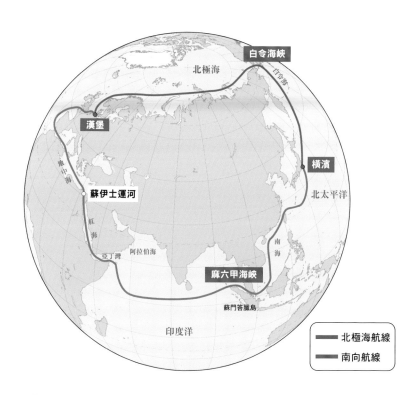

北極不屬於單一國家

北極隸屬於哪個國家呢？大家知道其實北極是由多個國家所共同持有的嗎？

進入北極圈需要許可

　　前面已經解釋過，北極的中心為海洋，有許多國家環繞於這片海域四周。地球上北緯66度33分以北的地區稱為北極圈，大家記得有哪些國家位處這個北極圈內嗎？前幾頁也有稍微介紹過，大部分的格陵蘭島（丹麥自治區）、挪威、瑞典、芬蘭、俄羅斯、加拿大、美國（阿拉斯加州）以北等皆在此範圍內。

　　因此，要接近北極或進行開發皆須向其隸屬的國家取得許可。如果沒有取得許可，是不能擅自進入的。那麼，取得北極領有權（持有領土的權力）的必要條件為何？需要的是地理位置上的接近、曾為發現者與探險者、自家國民居住其中等名分。近年來，北極海的經濟價值日益增加，據說不少國家都在考慮以追加聲稱「我國亦有權」的方式爭取領有權。

北極圈內的國家

加拿大

美國

格陵蘭島

冰島

北極海
+北極點

斯匹茲卑爾根島

挪威

瑞典

斯瓦爾巴群島

芬蘭

俄羅斯

允許大家平等地在某些島嶼上活動

在多個國家共同擁有的北極裡，有些國家紛紛針對某些地區聲稱「到這裡為止是我國的海域」、「不，這裡是我國的海域」等，為了爭奪領有權而展開競爭，不過也有幾個地區是多個國家和諧共用而無衝突，即挪威的領土——斯瓦爾巴群島。

1920年於巴黎召開的會議中，有14個國家簽署了《斯瓦爾巴條約》。在這份條約中，承認了挪威的領有權，但所有成員國皆平等擁有在這座島上進行經濟活動的權利。目前的成員國包括日本在內已經超過40個國家，但實際上在這些群島展開經濟活動的國家只有挪威與俄羅斯2個國家。此外，斯瓦爾巴群島的斯匹茲卑爾根島上有座名為新奧勒松的城鎮，有10多個國家在此建造用以觀測或研究的基地，日本國立極地研究所的建築亦在其中。

▲有許多國家簽訂條約的斯瓦爾巴群島

保護北極的北極理事會

推動資源開發也有可能破壞該地區原有的生態系。北極理事會便是為了保護北極而成立的。

大家共同商議北極事務

　　資源的開發有助於豐富我們的生活。然而，另一方面，我們不能無視對那些土地與傳承至今的生態系可能造成影響的危險性。

　　因此國際上於1996年設立了名為「北極理事會」的機構，目的在於北極的安全開發與保護。這個北極理事會有8個成員國，分別為鄰接北極的俄羅斯、美國、加拿大、丹麥、芬蘭、冰島、挪威與瑞典。這些國家皆有與北極相關事務的表決權。

　　此外，除了德國、波蘭、荷蘭、英國、西班牙與法國等國家外，國際紅十字會、國際北極科學委員會等皆擁有觀察員（指特別獲得允許出席會議等的人）的資格且會參加會議。2013年5月，日本與新加坡、義大利、韓國、印度、中國等皆正式取得觀察員的資格。

▲北極理事會的8個成員國

北極理事會的任務隨著環境變化而擴張

除了會員或擁有觀察員資格的國家等會參加北極理事會的會議外，還有阿留申國際協會、北極圈阿薩巴斯卡理事會等居住在北極圈內各國的原住民團體（6個團體）經常以參與者之姿舉辦活動。會議每半年舉辦一次，成為主席國的國家會在某個城市召開高層會議，針對北極地區的經濟活動與環境保護等相關問題進行商議。

然而，北極理事會所肩負的任務隨著北極圈的環境與成員國的變化等而逐漸發生改變。

在設立之初，和平與安全的相關問題並非該理事會要討論的課題。然而，隨著能源資源的相關問題與觀察員數的增加，開始出現其他安保相關的問題等。因此有些國家提議，北極理事會應將和平與安保問題也納入議題之中，藉此進一步擴張自身的任務。

第2章 一起來了解北極！

歷代主席國與部長級會議的舉辦都市

期　　間	都　　　市	國　　家
1996～1998	伊魁特	加拿大
1998～2000	巴羅	美國
2000～2002	伊納里	芬蘭
2002～2004	雷克雅維克	冰島
2004～2006	薩列哈爾德	俄羅斯
2006～2009	特羅姆瑟	挪威
2009～2011	努克	丹麥
2011～2013	基律納	瑞典
2013～2015	伊魁特	加拿大
2015～2017	費爾班克斯	美國
2017～2019	羅瓦涅米	芬蘭
2019～2021	（線上）	冰島

生活在北極的人們

第1章已經介紹過，北極有原住民的存在。有因紐特人等許多原住民居住，其中包含了哪些民族呢？

因紐特族

因紐特人（Inuit）是生活在加拿大北部一帶、美國阿拉斯加州與格陵蘭島等地的民族。自古以來的傳統飲食生活為肉食，雖然會依地區而異，不過一般都是捕食海狗、海象與鯨魚等。

他們偏好吃生肉，不過是為了克服嚴寒，並透過生肉補充維生素C。此外，捕獲的動物皮毛會用來建造房屋或船隻，油脂拿來作為暖爐的燃料。犬橇則成了因紐特人的傳統移動手段。負責拉雪橇的是西伯利亞哈士奇或阿拉斯加馬拉穆犬等身強力壯且耐寒的狗。

然而，因紐特人的生活近年來漸漸發生改變。舉例來說，試著觀察其住家，以前冬季是住在利用冰雪打造而成的愛斯基摩人冰屋中，夏季則住在於鯨魚骨上覆蓋動物毛皮所搭成的帳篷裡，如今則大多生活在現代風組合式住宅中。據說在超市購買食物、在店家或網路銷售平台等處購買衣服與鞋子也已經相當普遍。

▲因紐特人居住的村落範例之一

阿留申族

　　阿留申人（Aleut）與因紐特人、尤皮克人等並列為北極較具代表性的原住民，是生活在阿拉斯加州西海岸、阿拉斯加州與堪察加半島之間的阿留申群島上的民族。人口約為1萬8,000人左右，傳統上會捕獵海豹與海獺等動物。此外，阿留申族不僅武器與船隻的製造技術精湛，連紡織工藝都十分發達。

尤皮克族

　　尤皮克人（Yupik）是生活在阿拉斯加州西部與俄羅斯極東部的民族。一般是以父親為中心的小規模家庭，人口約為3萬5,700人左右。傳統上是以漁業或狩獵為生活手段，捕捉鮭魚或海豹等維生。此外，據說他們有一種習俗，會在有特殊例行活動時戴上利用毛皮與羽毛製成的面具。尤皮克族的人們覺得被稱為「因紐特人」是一種歧視，因此如今提到他們時會使用尤皮克人或愛斯基摩人這樣的表達方式。

涅涅茨族

　　涅涅茨（Nenets）又稱作薩摩耶族（Yurak Samoyed），生活在西伯利亞北部的凍原地區，是傳統上以馴鹿游牧維生的民族。總人口約為3萬3,900人左右，其人口約95％的人篤信且重視薩滿教這種宗教現象。對這些涅涅茨人而言，馴鹿是相當重要的動物。可作為衣服、食物，甚至是移動手段等，可活用於許多地方，因此人們總是悉心養育牠們。

▲涅涅茨族

北極的探險史

探險家們會為了追求未知事物而冒險。讓我們來看看挑戰北極探險的人們及其探險史。

最早探索北極的人物

在現代只要查看世界地圖，即可知道在哪裡、存在有哪些陸地與國家，但是在尚無世界地圖的時代，應該連海洋彼岸有什麼都不得而知吧？投身進入這種未知的世界時，會有一種期待感，但同時也要對抗恐懼。挑戰北極探險的人們想必也是抱持著這樣的心情乘船前進的。

有紀錄顯示，人類史上第一個航行北極的是希臘地理學家兼探險家，名叫皮西亞斯。一般認為，皮西亞斯是於西元前325年左右航行經過歐洲西北部等地，並抵達據判為現今冰島或挪威北部的地區。隨著時間的推移，冰島上有個名叫艾里克的人因為謀殺罪而被流放至冰島之外的國家，在往西方移動的途中，於985年發現了白雪覆蓋的大地。那片大地便是世界最大島嶼——北極的格陵蘭島。

北極探險曾歷經多次失敗

無論做什麼事，挑戰都很重要。然而，挑戰未必會成功。儘管如此，成功自不待言，以結果來說，即便失敗了，這些經驗都有可能成為日後的財富。北極探險亦是如此。

到了19世紀以後，世界各地的探險家紛紛前往北極探尋豐富的資源。1847年，英國的海軍提督兼探險家約翰‧富蘭克林為了探查北極海的資源，與128名隊員一起航向北極。然而，船隻卻受困於海中的大片冰層之中，

結果發生船上乘員全數罹難的悲劇。此外，挪威探險家弗里喬夫‧南森於1893年搭乘探險船富勒姆號，挑戰橫越北極海，卻未能抵達北極點。

美國冒險家曾多次挑戰不言放棄

下一個以抵達北極點為目標的是美國海軍的土木工程師，名叫羅伯特‧派里。派里於30歲左右到格陵蘭島旅行，並漸漸萌生想要挑戰抵達北極點的心思。其後自1886年至1908年期間，他實際進行了北極探險達8次之多。然而，這些探險皆以失敗告終，他還為此遭遇因為凍傷而失去8根腳趾的悲劇。

瑟瑟發抖

陣陣刺痛

第
2
章
一
起
來
了
解
北
極
！

　　派里8次以北極點為目標的探險全數以失敗告終，然而其挑戰精神卻絲毫未減。

　　派里於1908年再次獲得探險北極點的機會。有了這個機會，派里下定決心再挑戰一次，結果這次終於抵達心心念念的北極點。1909年4月6日，報紙上刊登了一篇文章，聲稱派里為世界上首度抵達北極點的人，想必派里也為此樂不可支。

　　然而，此後又過了將近90年，1996年發生了令人意想不到的巨大轉折。美國的地理學會調查了在該次探險中所寫下的探查日誌，結果竟推論出「派里並未抵達北極點」的觀點。後來他們試著依循派里的探查日誌上所寫內容實際走一遭，發現抵達的場所是在距離北極點不到40公里左右的地方。

在冰海中前進的破冰船

一般船隻要在北極海或南極海這類結冰的海上向前挺進並非易事。對以前的探險家而言，北極探險是一趟危險的旅程。然而，如今有破冰船這種可壓碎冰塊向前挺進的船，支援著北極與南極的活動。世界各國所持有的破冰船約為40艘，用於探查或物資運送等活動。

▶一邊壓碎冰塊
一邊前進的破冰船

目前已經釐清，派里並未抵達北極點。那麼，第一個抵達北極點的究竟是誰？

其實是挪威的探險家羅爾德·阿蒙森。眾所周知，阿蒙森是最早抵達南極點的人，所以或許已經有很多人聽過他的大名。阿蒙森並非親身踏足北極點，而是搭乘飛艇經過北極點的上空，因此準確來說，他是「第一個看到北極點的人」。

據說阿蒙森原本一直準備要到北極探險，但是在聽聞派里已經抵達北極點這則新聞後，就將目標改成抵達南極點。儘管如此，阿蒙森仍未徹底放棄抵達北極點的夢想，於1926年搭乘飛艇諾吉號（NORGE）飛越北極點的上空。據說在釐清派里並未抵達北極點後，有一部分的學者認為，阿蒙森才是第一個抵達南極點與北極點的探險家。

第2章 一起來了解北極！

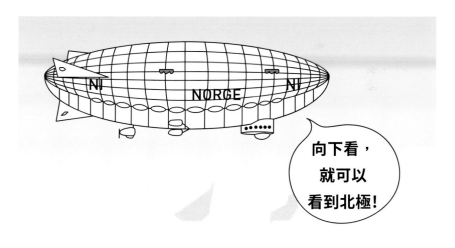

向下看，就可以看到北極！

67

北極的研究與觀測活動

來自日本等世界各國的研究人員聚集於北極，展開五花八門的研究，比如北極的資源與生態系的調查等。

人們在觀測基地進行各種研究

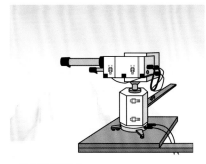

▲溫室氣體的調查

▲生態系的調查

▲大陸冰核的研究

北極挪威領地斯瓦爾巴群島中的斯匹茲卑爾根島的海岸上，有座名為新奧勒松國際觀測村的觀測基地。1966年，挪威極地研究所首度於此地設置了觀測站。如今挪威、英國、德國、法國、日本、荷蘭、瑞典、義大利、韓國與中國共10個國家便是以該基地中的觀測站為據點展開觀測活動。

那麼接下來便逐一介紹觀測基地中，都在進行什麼樣的研究與觀測活動吧。

目前正在進行的包括溫室氣體的調查、棲息於北極的動物等生態系之調查，甚至是大陸冰核（ice core，挖掘出來的冰）的研究等。世界各國的無數研究人員皆在北極的嚴酷環境中致力於各種研究專案，比如地球暖化、北極各種生物的生態系變化等。其中能源資源成了許多國家關注的焦點。接下來要介紹的天然氣水合物（gas hydrate）便是其一。

可燃的冰：「天然氣水合物」

　　新奧勒松國際觀測村裡的日本觀測基地，已於2019年4月遷移至坐落於該國際觀測村中心區的新建築。這座日本的觀測基地中，也展開了世界各國都期待今後能作為下一代能源的「天然氣水合物」的相關研究。目前已知阿拉斯加州北極地區裡埋藏著大量這種名為天然氣水合物的能源。其外觀近似乾冰，是天然氣在深海海底的低溫高壓狀態中與水結合後所形成的固體能源，又稱作「可燃冰」，具備點火即燃的特性。其汙染物質的排放量比煤炭或石油等化石燃料還要少，因此目前已展開各種研究，為了活用可燃冰作為替代煤炭或石油的下一代能源。

　　新奧勒松國際觀測村日本觀測基地裡的研究人員們，會將與天然氣水合物相關的研究樣本送至日本的國立極地研究所與大學，其中很多都被用作研究資料。

　　天然氣水合物可預期的活用範圍已涵蓋各個領域，與我們的日常生活也息息相關。比如可用於廚房烹飪、用於屋內升溫的暖氣設備，甚至有可能作為人們代步巴士的燃料。如此聽來，會覺得是一種非常優良的能源。當然，天然氣水合物對人類而言有很多好處。然而，使用新事物時，不可以只看好的那一面，必須同時將不好的那面也考慮進去。事實上，有些研究結果顯示，天然氣水合物會對地球暖化造成不良影響。因此可說是今後仍有必要繼續研究的能源。

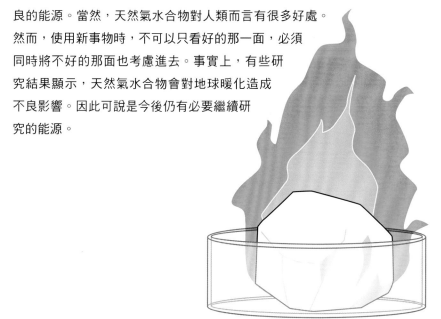

▲被稱為「可燃冰」的天然氣水合物

專欄 2　如何前往北極？

北極是距離日本十分遙遠的北方極地。如果要從日本出發的話，要如何前往？大約需要多少時間？

從日本出發需幾天即可抵達北極

　　北極自古以來就有名為因紐特人等的原住民居住。好幾座城鎮裡都有該民族生活其中，因此大多只要轉乘飛機即可前往。其他頁面中有提及觀測隊前往南極時的相關事宜，而跟前往南極相比，前往北極並沒有那般艱辛。

　　儘管如此，從日本出發，有些大城鎮只需幾天即可往返，但若要前往像格陵蘭島上的小村落等地區，則會稍微有些波折，從日本出發到抵達需要3～4天。

搭乘飛機須轉機

　　那麼該如何從日本前往北極？首先，搭乘日本啟程的飛機前往丹麥的首都哥本哈根。在該地轉機，前往格陵蘭島南部一座名為康埃盧蘇阿克的城鎮。

　　若要從該地進一步往北或往東，則必須多次轉乘小型飛機或直升機。由於飛行工具的座位數也不多，因此連預訂都要費一番功夫，還會因為天氣而無法按計畫成行。據說久候是家常便飯。此外，若是無法搭機前往的地方，夏季會改搭船，冬季則利用犬橇移動。

▲這樣前往北極

第3章

一起來了解南極！

南極洲可劃分為東南極洲與西南極洲

南極洲一般被劃分為2個地區。其中一個稱為東南極洲，另一個則稱作西南極洲。

一分為二的地區

將南極洲一分為二的是，連接著南極海海域之一的羅斯海與威德爾海海岸的橫貫南極山脈。夾在威德爾海西側與羅斯海東側且位於西半球的地區，稱作西南極洲。另一方面，位於東半球的其餘地區則稱作東南極洲。

首先來看東南極洲，是一塊狀似人類腎臟的巨大陸地。與這塊東南極洲相比，西南極洲便成了小型陸地。南極的日本觀測基地昭和基地與富士冰穹基地等皆位於東南極洲地區。

而西南極洲的東北端則有座狀似平底鍋把手的南極半島。順帶一提，若往西南極洲的南極半島北側方向延伸下去，似乎會連接至南美洲的安地斯山脈。大家何不查看一下世界地圖，親眼確認看看。

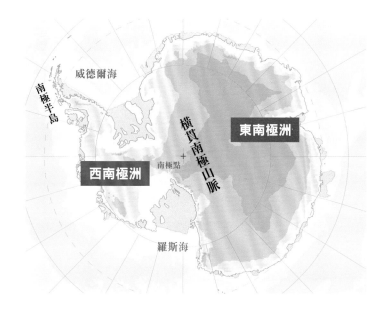

東西皆為冰層所覆蓋

前面已提過東南極洲裡有日本的南極觀測基地等，從橫貫南極山脈的角度來看，東南極洲位於印度洋一側，名為科茨地、慕德皇后地、麥克‧羅伯遜地、維多利亞地（分別為南極的地區名稱）等地區在此延展開來。以地球的角度來看，這些地區的大部分範圍皆落在東半球地區。此外，其廣闊的面積皆為所謂的東南極洲冰層所覆蓋。

那麼接下來讓我們從西南極洲的角度來觀察。這塊西南極洲被所謂的西南極洲冰層（南極冰層的一部分）所覆蓋。

雖然可能性微乎其微，但有人指出這片西南極洲冰層有崩塌的可能性，因而受到關注。倘若現實中這片西南極洲冰層真的崩塌了，究竟會發生什麼狀況呢？雖然是以數世紀為單位的漫長過程，但一般認為會導致海平面上升好幾公尺。

最後是關於東南極洲與西南極洲的名稱，是基於以下理由而加以區別。東南極洲與西南極洲對應於所謂的格林威治子午線，分別位於子午線的東西兩側，一般認為這樣比較方便才如此劃分。機會難得，不妨預先了解這些作為小知識。

關於格林威治子午線，會於下方專欄中加以說明。只要記住這些，在思考地球的地理位置時會方便許多。

何謂格林威治子午線？

指通過倫敦郊外格林威治皇家天文台的子午線。在1884年所舉辦的華盛頓國際會議中，被指定為本初子午線（經度為0度0分0秒的子午線），成為經度及時間的起點。本初子午線與180度經度共同形成一個大圓，這個大圓將地球表面分成2個半球。本初子午線以東的半球為東半球，以西的半球為西半球。格林威治子午線則通過南極洲的慕德皇后地。

地形與地質依地區而異

南極洲被大致劃分為東南極洲與西南極洲2大區域，不過地形與地質皆不盡相同。讓我們連同南極洲的形成過程一起來探究吧。

東南極洲為前寒武紀的地質

目前是根據地形與地質的構成將南極洲大致分為東南極洲與西南極洲兩大區域。

東南極洲主要是由名為前寒武紀（5億4,200萬年前的地質時代）的遠古時期所形成的岩石所構成。由這類古老岩石所構成的地區即稱作地盾（穩定的陸地）。因此東南極洲地區被稱為「東南極洲地盾」。

東南極洲地盾呈直徑約達4,500公里的巨大半圓形，占南極洲總面積的3分之2以上。這塊東南極洲的西部邊緣有座沿著約30～150度經線綿延的橫貫南極山脈。由於整個南極洲都被厚厚的冰層所覆蓋，使這座橫貫南極山脈不太顯著，但實際上它是標高達4,500公尺的大型山脈。以地質來說，相當於名為羅斯造山帶的地區。

▲位於南極洲的橫貫南極山脈

西南極洲為地殼變動活躍的地帶

那麼西南極洲地區的狀況又是如何呢？西南極洲地區是從威德爾海與羅斯海凹進陸地區以西並延伸至狀似平底鍋把手的南極半島，亦為綿延至南美洲安地斯山脈的造山帶。

若從地質時代來看，這個造山帶即便到了相當於前寒武紀之後的古生代以後，仍是火山活動、斷層、地震與花崗岩的形成等地殼變動相當活躍的地帶，因此與地殼變動已然停止的前寒武紀地區有所區別。至今仍有活躍的火山分布於這個造山帶。

南極洲的大陸冰層幅員廣闊，因此目前尚未完全了解其下方有著什麼樣的岩石等。儘管如此，從觀察出現在聳立於海岸與內陸山地的冰原島峰（指僅頂端從冰河或冰層中突出的山脈或丘陵）的裸岩地區，即可了解這塊南極洲的形成過程。

▲聳立於內陸山地的冰原島峰

　　那麼，南極洲是如何形成的呢？主要有花崗岩與變質岩，甚至是看似混合了這些岩石的混合岩（Migmatite）等，分布於日本南極觀測基地之一的昭和基地周邊一帶、恩德比地乃至毛德王后地（皆為南極地區的名稱），以及距離昭和基地西南方約300公里的法比奧拉王后山脈等廣泛的範圍內。

▲廣泛分布於南極洲的花崗岩

　　一般認為這些岩石是在地下20～30公里或更深之處形成的。在這些地區還能看到古生代初期（約5億年前左右）的岩石，但是除此之外並無明顯地殼變動的痕跡，因此成為幾乎沒有地震與火山活動等而被稱為穩定帶的地區。

　　呈巨大半圓形的東南極洲地盾占南極洲整體的3分之2，據判大部分是由這些岩石所構成，歷經超過5億年的漫長歲月，一點一點地鑿蝕，如今出現在地表上。

　　另一方面，橫貫南極山脈是從維多利亞地的阿代爾角貫穿至科茨地，其東南極洲地盾的西部邊緣部分於古生代早期（5～4億年前）發生名為羅斯造山運動的地殼變動後，便逐漸下沉，形成古生代後期～中生代的地層堆疊於古生代早期之前的岩石上的區域。維多利亞地則有一座南極規模最大的無雪地帶──乾燥谷。

▲變質岩之一的火成岩

南極洲的形成過程（西南極洲）

西南極洲是綿延至南美洲安地斯山脈的造山帶，有中生代晚期的沉積岩、火山岩（岩漿冷卻凝固而成的岩石）與花崗岩廣泛分布其中，直到現代仍有活火山的存在。

此外，沿著彎曲呈S字形的南極半島往東行有南桑威奇群島，反向往西行則其地形會與南美洲南端相連。這個部分是一條如日本列島般的島鏈，與其外側的深海溝並行，被稱作斯科舍島弧（Scotia Arc）。

除了這個斯科舍島弧外，南極洲四周並沒有海溝存在。因此，一般認為南極洲是位在周圍有長達數千公里的中央海嶺（海底山脈）環繞的南極板塊上。

話說，南極洲是未與其他陸地接壤的大型「島嶼」，但在約6億年前，除了現今這塊南極洲外，還有澳洲、印度次大陸、馬達加斯加島、非洲、南美洲與阿拉伯半島，是一塊巨大的陸地——「岡瓦納大陸」。一般認為這塊岡瓦納大陸是從1億8,000萬年前左右開始分裂，並於約2,500萬年前形成如今南極洲的形狀。

岡瓦納大陸

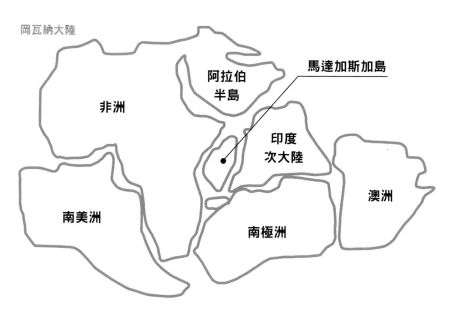

有地理上與地磁上的南極點

地球上有2個南極點。一個是地理上的南極點，另一個則是地磁上的南極點。在此分別介紹這2個南極點。

位在南方頂端的地理南極點

　　第2章已經說明了有地理上與地磁上2種思考角度。首先，針對地理上的南極點說明。地理上的南極點是指相當於地球南側頂端的南緯90度之處。既然是位於南側頂端，自然也就沒有比南極點更南的地方。站在這個南極點時，無論朝哪個方向都是面向北方。

　　南極點位於標高2,800公尺之處，但實際上地面的真正高度只有100公尺左右。地面上有一層厚達2,700公尺左右的冰層，故而成就了這個高度。至於地理上的南極點，每年約會移動10公尺，因此會一點一點地偏移。究其原因，是南極的冰會隨著重力而移動。因此，每年都會重新指定南極點，並於該處豎立標誌。換句話說，從現在到10年以後，南極點的位置將會逐漸移動100公尺左右。

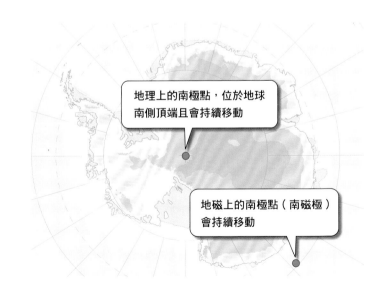

地理上的南極點，位於地球南側頂端且會持續移動

地磁上的南極點（南磁極）會持續移動

會持續移動的地磁南極點（南磁極）

　　大家所熟知的南極點應該是地理上的南極點。自古以來許多探險家皆以南極點為目標來挑戰南極探險。關於南極探險的歷史，將會於其他章節加以介紹，但是大家知道除了這個地理上的南極點外，還有另一個地磁上的南極點嗎？所謂的地磁南極點，是指羅盤（磁針）所顯示的南極，被稱為「南磁極」。其位置落在與地理上的南極點不同之處。站在南磁極所在的地點時，羅盤的磁針會試圖垂直立起。這個南磁極也會持續移動，其距離正以每年約10公里一點一點從西北往北方移動。

　　順帶一提，關於南磁極，英國極地探險家歐內斯特・沙克爾頓所率領的探險隊中的道格拉斯・莫森與埃奇沃斯・戴維德等人，於1909年1月16日抵達了位於當時的南極洲上的南磁極。然而，據說也有人質疑該位置是否正確。

▲儀式南極點也成了拍攝紀念照的景點。南極點的實際位置會逐年偏移

南極的冰層與降雪

南極是一個印象中有很多冰的地區,但是大家知道那些冰有多厚嗎?其厚度厚到有點難以想像。

冰的厚度因地而異

除了突出於冰層之上的山脈(冰原島峰)等之外,南極洲大部分地區皆為冰雪所覆蓋。人們從以前就持續針對這些冰層的厚度與形狀進行調查,並展現根據各種數據所推導出來的數值。到了1970年代後,開始利用雷達與人工衛星這類高科技的技術來進行觀測與調查,因而能夠獲得比以前更為準確的數據。

覆蓋廣大土地的厚冰稱作冰層,南極冰層的面積約為1,400萬平方公里,且其體積高達約3,000萬立方公里。正因為冰層如此龐大,即便已可取得更準確的數據,要獲取整個南極冰層的精準數據卻不容易。

前面已經解釋過,南極洲被劃分為東南極洲與西南極洲,而東南極洲與西南極洲在冰層的厚度上有所不同。南極冰層的整體厚度平均約為2,450公尺,東南極洲的冰層約為2,638公尺,最厚之處超過4,000公尺。另一方面,西南極洲的冰層約為1,781公尺,東南極洲的冰層厚度是西南極洲的1.5倍以上。

此外,試著從平均標高來看,東南極洲的冰層約為2,653公尺,西南極洲的冰層約為1,342公尺,因此平均標高相差約2倍。平均冰層厚度與標高比例上的差異是源於西南極洲冰層下方的基盤標高較低所致。

陸地與冰層

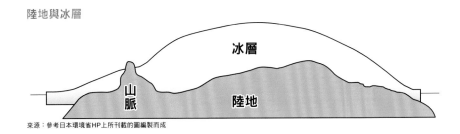

來源:參考日本環境省HP上所刊載的圖編製而成

沿岸地區與內陸地區的降雪量各異

　　南極給人的印象是整片陸地皆有雪堆積。那麼南極1年的降雪量大概是多少呢？

　　南極沿岸地區與內陸地區的年降雪量有很大的差異。舉例來說，將雪轉換成水來計算時，位於沿岸地區的昭和基地之年降水量約為200～300毫米，但在距離昭和基地約1,000公里、進入內陸範圍的富士冰穹基地，年降水量卻只有30毫米左右。富士冰穹基地的降水量與位於非洲的撒哈拉沙漠相當，沿岸地區與內陸地區的降水量相差約10倍。

　　就如同前述，南極的內陸地區簡直可說是冰原沙漠，再加上嚴寒的氣候，對動植物而言是極為嚴苛的生存環境。然而，降雪少便意味著天氣晴朗的日子相對較多。入冬後，昭和基地經常遭受暴風雪（強風伴隨著冰冷的雪）侵襲，但位置較靠內陸的富士冰穹基地則幾乎不會受到這些暴風雪的侵擾。

　　即便同在南極洲內，但就像前面說的，冰層厚度與降雪量仍會因地點而有所差異。

▲暴風雪的示意圖

乾燥谷與三大活火山

南極有一些無冰雪覆蓋的地帶與火山。雖然有點難以想像,但究竟是什麼樣的地方呢?

南極的沙漠:乾燥谷

南極羅斯海的麥克默多灣西側一處名為維多利亞地的地方有一片廣闊的無雪地帶,被稱為「麥克默多乾燥谷」。該地區有泰勒谷、萊特谷與維多利亞谷3個山谷,所謂的乾燥谷意指「乾燥的溪谷」。昔日乾燥谷為冰河所覆蓋,200

▲泰勒谷

萬多年以來都不曾下雨或下雪,因此是比沙漠還要乾燥的地方。據說這個乾燥谷,是以南極探險家之姿而聞名的英國人——斯科特所率領的探險隊,於1901～1904年遠渡南極探險時首度發現的。

那麼為何在如此寒冷的地區會形成無雪地帶呢?第一個主要原因是,環繞乾燥谷周圍的群山攔阻了沿岸一帶的降雨。至於第二個主要原因,一般認為是從山上吹拂而下的強勁「下坡風」削弱了從沿岸地區帶來的濕度。然後

▲萊特谷

再加上這個乾燥谷的環境與火星相似,有不少學者來到這裡進行研究。

南極較具代表性的火山

　　日本以火山國聞名世界，而南極也有活火山。其中較具代表性的火山為埃里伯斯火山、墨爾本山以及迪塞普遜島上的火山。首先，是海拔約3,795公尺的埃里伯斯火山，是至今仍很活躍的火山。而且海拔約2,732公尺的墨爾本山，直到最近還被觀測到有氣體噴出。還有迪塞普遜島上的火山，如今雖處於停止噴發的狀態，但是也不知道哪時候會再次噴發。

　　這座迪塞普遜島位於南極的南昔得蘭群島中，是直徑約15公里且呈馬蹄狀的火山島，除了有觀光客會為了享受海水浴或溫泉而來，亦以企鵝的棲息地而聞名。

　　在1967年那場火山爆發中，英國與智利的南極觀測基地遭火山灰掩埋而關閉。火山爆發時，會噴出高溫的火山噴發物。南極的火山有厚厚的冰雪覆蓋，而這些高溫的火山噴發物接觸到冰雪會融化並合而為一，可能會進一步引發大爆發，所以極其危險。

▲埃里伯斯火山

連結世界各地的南極海

地球上有好幾塊大陸，這些大陸與大陸之間有太平洋與大西洋等海洋，而南極海則連結著世界各大海洋。

環繞地球一周的南極海

　　地球的表面積約為5億1,010萬平方公里，其中海洋的面積占了約3億6,282萬2,000平方公里，這意味著地球表面約7成是海洋。南極海則連接著世界各大海洋，是世界上位置最南端的海洋，圍繞著以南極點為中心延展開來的南極洲。南極海是於世界三大洋——太平洋、大西洋與印度洋匯集之處，沿東西方向環繞地球一周。換句話說，是地球上唯一環繞地球一周的海洋。因此，海洋中的魚類只要穿越太平洋往南方前進，並通過南極海，便可前往大西洋。

　　不僅如此，南極海的存在使海水本身亦可進行交換。倘若沒有這片南極海，雪落在北美洲西部的洛磯山脈以及南美洲西側的安地斯山脈東西兩側的斜坡上後，會分別流入太平洋與大西洋，就此分道揚鑣。此外，在蘇伊士運河與巴拿馬運河開通以前，於太平洋建造的船隻必須穿越南極海才能航向大西洋；大西洋的船隻也同樣得穿越南極海才能到太平洋。

▲南極海是連結世界的海洋

將深層水運往世界各大洋

在這片南極海中，會產生極寒且密度高的深層水。深層水中含有大量營養物質，可孕育各種海洋生物。雖然極其緩慢，但這種寒冷的水體（指海洋的水溫、鹽分、水色、透明度等較為相似的海水集合體）也會從南極海流往低緯度地區的海域。

倘若沒有南極海，這些深層水便只會在太平洋、大西洋與印度洋各自封閉的海域中移動。

南極海的存在，使這些對海洋生物而言至關重要的深層水，得以廣泛覆蓋整個地球。如此一來，便可將重要之物運送至世界上的任何地方，甚至對各地的氣候等產生影響。船隻與魚類自不待言，南極海是能連結海水本身的重要海洋，將廣布世界的海洋匯集在一起，是地球上唯一能讓海洋進行交流的存在。

深層水會環遊世界各大洋

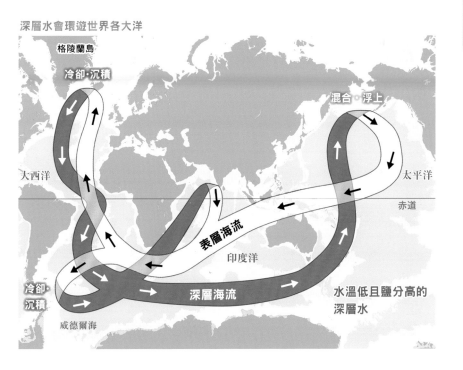

格陵蘭島
冷卻・沉積
混合・浮上
大西洋
太平洋
赤道
表層海流
印度洋
深層海流
水溫低且鹽分高的深層水
冷卻・沉積
威德爾海

南極的天體秀：「極光」

極光是上層大氣的發光現象，主要出現在南半球與北半球這些遠離赤道的地區。在南極的哪些地方看得到呢？

形態多樣的極光

本書中的第40頁已經介紹過極光的產生機制與繽紛多樣的顏色等。極光的形態也會因觀賞地點不同而有很大的差異。那麼，從何處觀賞會出現什麼樣的形態呢？

首先，如果是從產生極光的正下方位置觀看，看起來應該是往整個天空呈放射狀擴散的型態，即所謂的冠冕型（Corona）極光。此外，從稍微遠離極光之處的側面觀看時，則會呈現如窗簾隨風搖曳般的幕簾型（Curtains）極光。接下來，讓我們試著從更遠的地方觀賞。離得愈遠，會愈看不到細微的部分，因而呈現出弧狀型（Arcs）極光，彷彿在天空中勾勒出一條巨大的曲線。即便是同一道極光，型態卻會依觀賞者所在的地點或角度而異，感覺是不是既不可思議又神祕呢。

▲南極的極光

昭和基地正上方的極光帶

　　本書中的第41頁已經介紹過，極光在有些區域出現的頻率較高，該區即稱作「極光帶」。若試著在南半球觀賞，日本的昭和基地就位於該極光帶的正下方。

　　下圖顯示了南極極光帶的位置。與北半球一樣，只要走訪此圖中的極光帶地區，在天氣晴朗的夜晚，目睹美麗極光的可能性會更高。

　　此外，人們在南極透過各種形式來進行極光的觀測。比如有人曾做過一項實驗，在極光出現時，將火箭發射至該極光之中進行直接觀測。甚至從人工衛星拍攝極光、觀測飛舞交錯的粒子、從地面進行相機與雷達的同步觀測等，持續觀察著出現在南極的極光。

南極極光帶的位置

南極的各種陸地生物【皇帝企鵝】

棲息在南極陸地上的生物中，較具代表性的應該非皇帝企鵝莫屬。接下來便逐一介紹皇帝企鵝這種生物具備什麼樣的特色。

企鵝雖為鳥類卻不會飛

　　皇帝企鵝是棲息於南極洲周邊的鳥類，是生活在現代的企鵝中體型最為龐大的，體長約為100～130公分、體重約為20～45公斤。一般認為鳥類是在天上飛的動物，但企鵝這種生物不會飛。與人類同為直立行走的動物。身體前面為白色，後面、頭部與羽毛顏色為黑色，前面與後面的顏色涇渭分明。

白色羽毛可以防水

　　皇帝企鵝具備許多在嚴寒的南極生存所需的特色。首先，牠們不僅有厚厚的脂肪層，還有以高密度覆蓋身體的羽毛，即便進入水中也能防止水接觸其皮膚。至於必須站在冷冽冰雪上的足部，則具備防凍傷的構造。牠們有時會潛至海洋深處以捕捉甲殼類或烏賊等，但只有少處幾％的個體會潛至水深超過185公尺之處。南方巨海燕是以皇帝企鵝的卵與幼雛為目標的掠食者之一，成鳥的天敵則是虎鯨或豹海豹等。

▲直立行走的皇帝企鵝

齊心協力度過寒冷

為了忍受南極的酷寒，皇帝企鵝會群聚並將身體緊挨在一起。此舉稱作 huddling（擠在一起之意）。在群體中，靠內側的溫度比外側高10℃左右，牠們會由內側（中央）往外側（邊緣）、再由外側（邊緣）往內側（中央）交互移動，逐步轉換位置。

雄性與雌性會冒著生命危險共同撫育幼雛

大家知道皇帝企鵝是如何撫育幼雛的嗎？雌性個體會於5月上旬產下1顆卵並將卵託付給雄性，旋即前往海邊覓食。而雄性會抱著卵，並於孵化後以自己食道的分泌物（企鵝乳）餵養幼雛。在雌性回來之前的這段期間，雄性會忍受100多天不進食，將幼雛交給返回的雌性後，再前往海邊覓食。幼雛在孵化後150天左右會離開牠們出生的群體繁殖地，不過皇帝企鵝的父母無論雄雌都是冒著生命危險在養育幼兒。

順帶一提，這些雄雌伴侶幾乎不會與前一年的同樣的對象配對。感覺有點不可思議呢。

▲正在餵食孩子的皇帝企鵝

南極的各種陸地生物【其他】

除了皇帝企鵝外，南極陸地上還有各式各樣的企鵝，甚至有植物生長。究竟能看到哪些企鵝與植物呢？

生活在南極的其他企鵝

皇帝企鵝並不是南極唯一的企鵝。那麼，接下來讓我們一起探究還有哪些企鵝生活在這個地方吧。

國王企鵝

國王企鵝的英文為King Penguin，是現存企鵝中體型第2大的企鵝，僅次於皇帝企鵝，其體長約為85～95公分、體重約為10～16公斤。身體前面為白色，羽毛為黑色，後面則為灰色，外觀近似皇帝企鵝，但除了體型不同外，頭部至喉部的橙色十分搶眼。國王企鵝的特色在於，會在養育幼雛的過程中度過冬季，且繁殖期長達1年多。

▲外觀近似皇帝企鵝的國王企鵝

巴布亞企鵝

▲游泳速度飛快的巴布亞企鵝

巴布亞企鵝的特色在於足部與鳥喙為橙色，尾巴長且眼睛上方有白色帶狀紋路。據說這種巴布亞企鵝是企鵝中游泳速度最快的，牠們的最高時速可達35公里。

頰帶企鵝

　　頰帶企鵝的體長約為70～75公分、體重約為4～7公斤，有一條黑線紋路從眼睛後方通過喉部。相對來說是個性較具攻擊性的物種，於夏季開始繁殖，據說若其繁殖地與其他種的企鵝重疊，有時會加以驅趕。

▶黑線紋路為頰帶企鵝的特色

▲眼睛很可愛的阿德利企鵝

阿德利企鵝

　　與皇帝企鵝一樣是南極企鵝的代表。阿德利企鵝與皇帝企鵝是唯二在南極半島以南進行繁殖的企鵝類。體長約為60～70公分、體重約為5公斤，黑色眼睛的四周為白色，看起來非常可愛。個性充滿好奇心，因此不怕人類。

▲個性較具攻擊性的南跳岩企鵝

南跳岩企鵝

　　南跳岩企鵝在陸地上是跳躍著移動，而非像其他企鵝般左搖右擺地行走。其名稱便是源自這樣的樣貌。體長約為50公分，體型雖小，個性卻較具攻擊性。紅色的眼睛上方有冠毛。

馬可羅尼企鵝

　　馬可羅尼企鵝的體長約為70公分、體重約為5～6公斤，特色在於眼睛上方至頭部後方有黃色的冠毛。足部顏色為粉紅色，以烏賊與磷蝦等甲殼類為食。

▲有黃色冠毛的馬可羅尼企鵝

地衣類為菌類與藻類的複合體

南極洲為冰河所覆蓋，因此環境並不適合植物生長。儘管如此，夏季冰河融化後，在部分沿海地區可以看到已適應這種嚴苛環境的植物。地衣類便是這種植物群之一。

所謂的地衣類，是菌類與藻類（主要是綠藻與藍菌）形成共生關係所構成的複合體。菌類與藻類是透過互相供給水分與養分而生。為利用孢子進行繁殖的植物之一，不會開花。

地衣類是可以忍受低溫與乾燥環境的植物，在營養相當缺乏的岩石或砂礫上等處皆可看到，南極約有350種地衣類生長。地衣類依生長型態可分為樹狀、葉狀與痂狀幾大類。

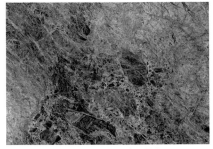
▲南極的地衣類需要很長時間才能長大

蘚苔類又稱為苔蘚植物

除了地衣類外，另一種南極常見的植物是被稱為蘚苔類的植物。蘚苔類與地衣類不同之處，在於有莖與葉，其大多為綠色。又稱作苔蘚植物，生長於南極半島與南極洲周邊一帶。

屬於這種蘚苔類的苔蘚之所以如鋪在地上的地毯般長得又短又密，理由相當充分。那便是為了防止水分逐漸流失，即使是少量的水分也能迅速吸收。是為了生存而具備這樣的特性。

▲為南極鋪上綠色地毯的蘚苔類

孕育出大量種的淡水藻類

所謂的淡水藻類是相對於海水藻類的詞彙，是指主要在水中自行進行光合作用的原生生物，比如統稱為植物浮游生物的藍藻類與綠藻類等。淡水藻類當中，除了矽藻類等單細胞藻類外，還包括串珠藻屬等多細胞藻類。

藻類生長於南極的河川或湖泊等淡水之中，據說至今已發現700種左右。這些淡水藻類皆具有便於適應嚴寒環境的細胞壁構造（保護細胞並維持其形狀的結構）。

▲生長於河川等處的淡水藻類

南極也有開花植物生長

會開花並結出種子的植物即稱為種子植物。南極洲也有這類野生的種子植物，不過只有少至2種。一種是石竹科中名為南極漆姑草的植物，另一種則是禾本科中名為南極毛草的植物。一般認為南極漆姑草是於2月中旬左右自行授粉後開花。會在濕氣重且朝北的斜坡等地形成小叢狀不斷生長，但是體積很小而不易發現。另一種南極毛草是可以適應低溫環境的單子葉植物之一。此種與南極漆姑草一樣，也是在2月中旬左右開出黃色花朵。如果未開花，外觀看起來就像同為禾本科的結縷草般。

▲南極漆姑草

▶南極毛草

南極的各種海洋生物

在南極，有各式各樣的海洋生物棲息其中。究竟有哪些生物呢？
就讓我們在這裡逐一介紹吧。

藍鯨為地球上最大的動物

南極的鯨魚大致可分為鬚鯨與齒鯨2大類。

首先是鬚鯨小目，在進食前會先用上顎的鯨鬚來過濾磷蝦、烏賊與魚類等。另一方面，齒鯨小目則是靠牙齒來捕食魚類、烏賊甚至是海豹等，有時還會攻擊其他鯨魚。

在生存於地球的所有生物中，據說鬚鯨小目中的藍鯨是最大型的動物。冬季會在溫暖的熱帶或亞熱帶地區進行繁殖，不過到了夏季會移動至獵物豐富的南極附近。體長約為23～27公尺，呈細長狀，體重竟高達約160公噸，即便是剛出生的幼鯨，體長也有約7公尺。國際自然保護聯盟已經將這種藍鯨列為瀕臨絕種物種。

▲鬚鯨小目中的藍鯨

大王魷魚的天敵：抹香鯨

前面所介紹的藍鯨是地球上最大的動物，而齒鯨小目中最大的抹香鯨則是世界上最大的有齒動物。

▲大多棲息於深海海域的抹香鯨

此外，抹香鯨也是鯨魚類中雄雌體型差距最大的。雄性個體的標準體長約為16～18公尺，雌性約為12～14公尺，雄性的體重約為50公噸，雌性則約為25公噸。

其他大型鯨魚的背部皮膚大多是光滑的，但抹香鯨的背部卻凹凸不平，這也是牠的一大特色。同時，抹香鯨也是大家都知道的大王魷魚的天敵，牠主要以這種大王魷魚與長槍烏賊等烏賊類或黃線狹鱈等為食。在日本有時會洄游於和歌山縣的紀伊半島海域與高知縣的室戶岬海域，運氣好的人或許能看到。

支撐著南極生態系的磷蝦

南極的食物豐富，因此有大量磷蝦之類的浮游生物。外觀近似蝦子，卻非蝦的同類。是一種海洋無脊椎動物。相對於蝦類有5對腳，磷蝦為6對，且蝦類的腮位於甲殼內側，磷蝦的腮則在外側。體長最大可長到約6公分，大部分體內有發光器。烏賊、海豹、鯨魚、海鳥與企鵝等皆會捕食這種磷蝦。磷蝦對生活在南極的海中生物、海鳥與陸上生物而言，是重要的食物，支撐著南極的生態系。雖然感覺磷蝦有點可憐，但在南極的生態系中，牠卻是發揮著重大作用的巨大存在。

▶磷蝦是對南極生物而言不可或缺的存在

為肉食性動物且凶暴的豹海豹

一般認為豹海豹的個性凶暴。身體的側面與腹側有白色或黑色的斑點，為「豹」這個名稱之由來。體長約為3～4公尺、體重超過500公斤，雌性個體的體型比雄性還要大。

相對於捕捉烏賊或魚類等為食的其他海豹，豹海豹是會用強壯而柔軟的下顎與鋒利的獠牙來捕獵企鵝與海狗的可怕動物。然而，據說牠們很少攻擊人類。這種豹海豹都是獨自生活，不會成群結隊。雌性僅會於10～11月生產1次，並只產下1頭幼獸，約4週期間讓幼獸喝奶長大。

▶豹海豹對企鵝等而言是恐怖的存在

大鼻子別具特色的南象鼻海豹

南象鼻海豹長大後，雄性個體的體長約為6～7公尺、體重約為3～4公噸。雌性個體比雄性小得多，是雄雌體型差距很大的動物。其體型龐大，加上雄性有個大鼻子，為其名稱中「象鼻」之由來。

從1頭雄性南象鼻海豹身上可獲取大量的油脂，因此曾一度因為人類而面臨絕種的危機。

牠們夏季會為了繁殖而在陸上度過，冬季則在海上度過。會潛入海底深處，主要是捕獵烏賊或大型魚類等為食，不過竟然可以潛至1,700公尺的深度，著實令人驚訝。為一夫多妻制，雄性會組成後宮。

▲南象鼻海豹的幼兒等有時也會遭鯊魚或虎鯨攻擊

有對大翅膀的漂泊信天翁

▲據說漂泊信天翁的平均壽命約為30年

漂泊信天翁被分類為信天翁科，體長約為120公分，展開雙翼時的寬度達300公分，以世界最大的海鳥著稱。其一生大部分時間都在空中飛翔中度過，無須拍打翅膀，只維持雙翼展開即可飛行好幾天。

成鳥的羽毛為純白色，但幼鳥時期整體呈褐色。會捕食魚類與烏賊等，先將吃下的東西轉化為液體並儲存於身體之中，再從體內反芻來餵食幼雛，亦可之後加以消化並化作自己的營養。親鳥會在幼雛孵化後養育牠們超過10個月。

灰賊鷗是翱翔於天空的大盜

正如名稱裡的「賊」字所示，灰賊鷗會做出攻擊其他水鳥並搶奪其食物的舉動。體長約為50公分。是一種候鳥，因此會在南極繁殖，天氣變冷後再往太平洋的方向遷徙。背部與翅膀為灰褐色，頭部、胸部與腹部的顏色則相對較為明亮。

灰賊鷗不僅會從其他水鳥那裡奪取食物，還會出現在水鳥的繁殖地，趁親鳥不備奪取卵或幼雛。因此，對企鵝、海鷗與崖海鴉等的幼雛而言，灰賊鷗儼然成了天敵之一。日本在春夏之際可以看到牠們從北海道飛過本州北部海上的身影。

▲灰賊鷗也會從南極飛到日本

地下資源的開發困難重重

南極大部分為陸地,因此地底下應該有寶貴的資源。然而,據說
人類要利用這些資源並不容易。

南極的地下資源蘊藏著潛力

前面已經有提及,在北極埋藏著各式各樣的資源。那麼南極又是如何呢?一般認為南極也埋藏著各種地下資源,但要確切知道蘊藏量等卻難如

▲金

登天。這是因為南極洲被厚厚的冰河所覆蓋,導致要準確了解其下方的地下資源蘊藏量並非一件容易的事。試著以陸地面積來看,南極洲約占地球整體陸地面積的9%。或許可由此來判斷,其地下資源應該也是這個比例。

包含日本等世界各國的人們皆在調查並研究南極的相關事物,這些研究人員認為,南極地底埋藏著各式各樣的地下資源,比如石油與煤炭等能源資源,以及鐵、金、銅、鉛等礦物。因此,如果持續推動開發,應該可以將這些資源活用於經濟或生活之中。然而,實際上開發過程困難重重。接下來將會說明其中緣由。

▲銅

▲煤炭

有項保護南極環境的協議

　　一般認為南極埋藏著地下資源，因此有些國家希望在此推動開發。然而，開發之所以困難，是源於以下幾個原因。首先，開發費用過高是其一。舉例來說，如果花費120元來製造售價100元的商品，就會造成虧損。還有一個原因是，比起開發，應該如同過往般保存南極的環境，這樣的意見更為強烈。

　　1991年10月3日於西班牙馬德里舉辦的第11屆南極條約顧問國特別會議中，簽署了《馬德里議定書》。正式名稱為《南極條約環境保護議定書》。

　　這是大家為了加強南極環境保護體制，一起商討後所訂下的國際協議。這份議定書中制定了基地的考察、垃圾及油類的出口規範、50年間禁止開發地下資源等保護環境的內容。因此，只有在預測對南極環境影響較小的情況下才能展開活動。

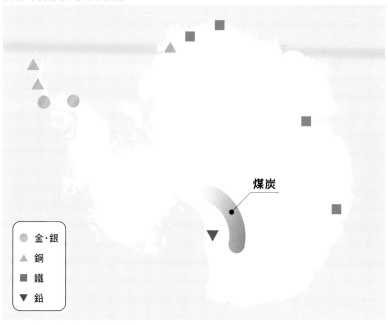

南極可能存在的地下資源

煤炭

● 金·銀
▲ 銅
■ 鐵
▼ 鉛

南極的臭氧層破洞

除了已經成為全球問題的暖化外，臭氧層破洞的現象也被列為南極的重大問題。

無法阻擋紫外線的臭氧層破洞

　　暖化所造成的影響對南極而言亦為一大隱憂，不過若要更深入了解南極，「臭氧層破洞」這種現象也是務必牢記的重大問題之一。那麼，這種臭氧層破洞究竟是什麼樣的現象？

　　我們肉眼無法直接看到，但高空中有一層名為臭氧的氣體聚集而成的氣層，這個臭氧層所發揮的作用是阻擋從太陽降至地面的紫外線。所謂的臭氧層破洞，則是指臭氧層上突然裂開出現孔洞的現象。位於南極的日本昭和基地從1961年便已開始觀測大氣中的臭氧總量，並於1982年南極春季觀測的數據中發現，臭氧總量比往年少了30％左右，後來由觀測隊員公布了這個結果。

臭氧層一旦出現破洞，我們將會暴露在大量紫外線之中，因此皮膚罹癌的風險會增加。

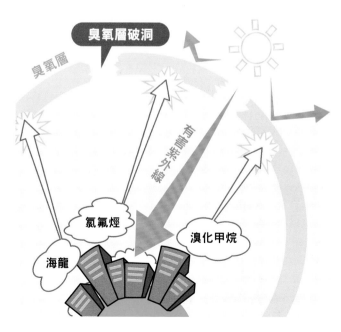

臭氧為什麼會遭破壞？

　　臭氧層上出現孔洞的「臭氧層破洞」是由於何種緣故所產生的？目前認為原因在於人類活動所產生的氯氟烴（Chlorofluorocarbon）物質被大量釋放至大氣之中所致。

　　氯氟烴是由碳、氟、氯所構成的物質，廣泛用於清潔劑或冷卻劑等。事實上，這種氯氟烴也是破壞臭氧層的物質。

　　季節更迭到了春天、太陽回歸之後，氯分子就會被紫外線所破壞，變成會破壞臭氧的氯原子。這些氯導致南極的臭氧被大量破壞，引發了臭氧層破洞的現象。

　　因此，位於南極的基地採取了對策，將之前製造空調或冰箱時所用的氯氟烴氣體替換成其他東西。然而，這麼做仍無法消除臭氧層破洞。除了臭氧外，應該還有其他原因，目前學者們仍持續研究中。

▲臭氧層破洞的示意圖

南極上有大量的隕石

隕石是從地球外部掉落至地球上。人們已在南極發現大量的隕石，但該地為何會有這麼多隕石呢？

南極的隕石發現史

　　人們於1912年在南極發現了第一顆隕石。是由澳洲團隊於日本昭和基地陸地另一側名為南極阿黛利地之處發現的。之後一直到1969年為止雖然總共發現了6顆南極隕石，不過這件事並未受到世界關注。不過在1969年，日本團隊於昭和基地西南方約300公里處的法比奧拉王后山脈（又稱大和山脈）南端一口氣發現了9顆隕石。被發現的隕石依其發現地點取名為「大和隕石」，不過當時也沒有引發熱議。

　　然而，理科學研究所的團隊針對這些隕石進行分析後，發現是4種不同類型的隕石，分別為「普通球粒隕石」、「碳質隕石」、「頑鐵輝石球粒隕石」與「古銅無球隕石」，這個結果一經公布便成為國際焦點。如今日本團隊已經成為世界第一的隕石持有國。

　　順帶一提，於法比奧拉王后山脈附近採集的隕石稱為「大和隕石」，在南極採集到的隕石則統稱為「南極隕石」。

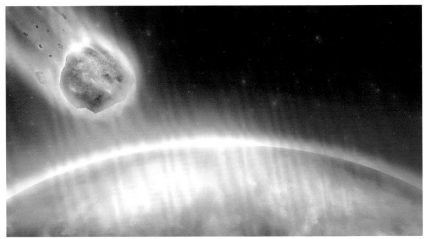

▲隕石墜落的示意圖

發現大量隕石的原因

　　隕石實際上會落在地球各處。那麼為何獨獨在南極發現大量的隕石？隕石若沒有立即回收就會風化，在溫暖多雨的地區，有些類型的隕石會在數十年內消失。然而，落在南極的隕石會先被埋在雪中，雪一旦堆積至100公尺左右，就會在自身重量的作用下轉變成冰。隕石就此保存於冰中，幾乎不會遭受風化。

　　覆蓋南極洲的冰雪會呈放射狀從高地流往低地，不過最終都會化作冰山並流入大海。這股冰流若在流往大海的途中碰上山脈，會轉而往上流動。這些冰會在風等作用的消耗下消失，冰裡面的隕石便留在原地。因此，落於南極洲各處的隕石，最終會聚集於特定的地方。

發現隕石的法比奧拉王后山脈的位置

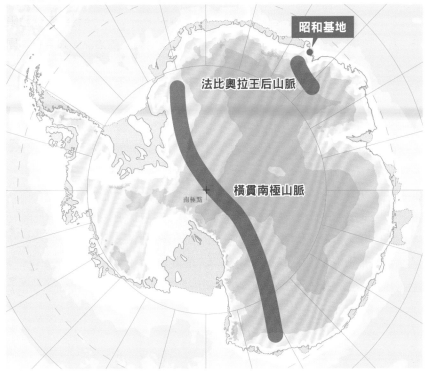

昭和基地

法比奧拉王后山脈

橫貫南極山脈

南極點

南極洲的探險史

探險家會為了追求未知事物而展開冒險。讓我們來看看挑戰南極洲探險的人們及其探險史。

以南極點為目標的人們的探險

18世紀後半葉，英國的詹姆斯·庫克船長曾航行駛過南極海。到了19世紀以後，世界各國與人們紛紛開始挑戰南極探險。1911年～1912年，英國的羅伯特·斯科特與挪威的羅爾德·阿蒙森等人展開「抵達南極點」的競爭，在當時備受全球關注。

據說斯科特獲得英國的大力支援並做了充足的準備，相對地，探險經驗豐富的阿蒙森則是從原住民那裡接受了各種建議。

兩人就這樣朝南極點啟程，但最先抵達的是阿蒙森。斯科特則晚了33天才抵達。而且斯科特一行人在從南極點返回的途中，因為寒冷、疲勞與飢餓而死亡。另一方面，阿蒙森的隊員皆已習慣寒冷，再加上學習到犬橇、愛斯基摩人冰屋等原住民的智慧，因而能夠在沒有遭受重大損失的情況下抵達南極點並返回。

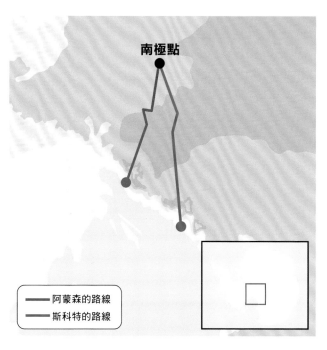

南極點

—— 阿蒙森的路線
—— 斯科特的路線

阿蒙森與斯科特的探險成果

羅爾德·阿蒙森是以最早抵達南極點的探險家之姿揚名世界。他在挑戰以南極點為目標的探險前，制定了有效且周密的計劃，比如使用犬橇、用因紐特人所穿的毛皮製成的衣服、糧食儲藏室等，並以極快的速度抵達南極點。

完成抵達南極點的目標後，他對極區探險活動的熱情依舊未減，正如第67頁所述，他搭乘飛行船從上空經過北極點，成了行經南極點與北極點的「世界第一人」。

另一方面，羅伯特·斯科特及其一行人很不幸地因為前往南極點探險而喪命，但是這群人對後來的南極研究有莫大的貢獻。斯科特一行人在前往南極點的途中記錄了天氣，還進行了企鵝的研究與岩石的採集。儘管飢寒交迫，他們仍試圖將採集的岩石標本與動植物化石等帶回去。他們所留下的紀錄與標本對南極研究的發展造成相當大的影響。

挑戰南極探險的人們

年　月　日	事　蹟
1773年1月17日	英國的詹姆斯·庫克船長雖然曾經航行駛過南極海，但是卻沒有發現南極洲。
1819年10月15日	英國的威廉·史密斯發現了南昔得蘭群島。後來英國的愛德華·布蘭斯費爾德將南昔得蘭群島命名為喬治王島。
1820年11月17日	美國的納撒尼爾·帕默船長發現了南極半島。
1895年1月24日	挪威的亨里克·布爾船長首度登上南極洲。
1909年1月15日	英國的歐內斯特·沙克爾頓探險隊抵達了地磁上的南極（南磁極）。
1911年～1912年	1911年12月14日，挪威的羅爾德·阿蒙森第一個抵達南極點。1912年1月18日，英國的羅伯特·斯科特也抵達了南極點。
1912年1月28日	白瀨矗所率領的白瀨探險隊抵達了南緯80度5分。

南極的研究、觀測活動與日本基地

與北極一樣，也有多個國家在南極建造觀測基地，進行各式各樣的研究。其中有4座基地為日本所有。

許多國家在南極建造了觀測基地

包括日本在內，全球有21個國家在南極建造了觀測基地。並非所有觀測基地1年365天都有人駐站，不過其中41座觀測基地裡全年皆有人值守。那麼，有哪些國家建造了觀測基地呢？

首先是號稱規模最大的美國的麥克默多站。除此之外，俄羅斯的沃斯托克站、日本的昭和基地，以及建於南極點附近的美國的阿蒙森-斯科特基地等，皆為較具代表性的觀測基地。

當然，其它像是紐西蘭、挪威、法國、澳洲、阿根廷、智利、祕魯、巴西與南非共和國等世界各國在各地區也建有基地。日本除了前面提到的昭和基地外，還有瑞穗基地、飛鳥基地與富士冰穹基地，關於這幾座基地稍後會詳加介紹。

那麼接著便逐一來看看南極研究到底正在進行什麼樣的研究。

▲美國的麥克默多站

　　南極研究的歷史並不算很悠久。也因為如此，必須研究的內容多不勝數。人們目前正在南極研究中進行自然、環境與地理等各種領域的研究。首先，南極的自然研究中，與海豹、企鵝、苔蘚、磷蝦等動植物相關的研究便是其一。也有針對氣象、氣懸膠體、大氣等南極環境變化進行相關的研究。據說這是因為地球上發生任何環境上的變化，一開始都是先出現在南極。至於地理上的研究，與南極獨有的特殊性質相關的，包括極光、冰河、地質或隕石等研究。

　　就像前面說的，人們在各國的觀測基地中展開五花八門的研究，最近俄羅斯的沃斯托克站已經做足了準備，要在厚厚冰河下的湖泊中探索生命體。倘若從湖泊中發現了新的生命體，可能會成為了解過去的地球的寶貴資料也說不一定。

▲形形色色的研究人員正在進行南極的研究

世界屈指可數的科學基地：昭和基地

建於南極的日本觀測基地共有4座，昭和基地為其中的代表。這座昭和基地是最早建造的基地，是第1次南極觀測隊於1957年1月在呂佐夫-霍爾姆灣的東翁古爾島上開設的。開設之初，廁所等設施並不完善，因此研究人員簡直就像在類似山間小屋般的環境中生活。

然而，之後建造了無數建築，如今已超過50棟，還建有成排儲水箱與天線設施等，作為全球屈指可數的科學基地而聞名。此外，衛星電話、有地暖系統的單人房間、浴缸與沖水式廁所等皆很完善，形成可舒適生活的環境，與開設之初完全無法相提並論。

人們便是在這樣的環境中，進行與天體、氣象、地球科學與生物學等各種領域相關的觀測。

◀昭和基地　來源：日本環境省HP

坐落於厚冰上的富士冰穹基地

富士冰穹基地開設於1995年1月，坐落於昭和基地以南約1,000公里的毛德王后地地區的厚冰上。人們在這座基地進行從遠古（史前時代）至現代的全球規模氣候與環境變遷的調查。然後，於2007年成功挖掘出深達3,033公尺的冰核（直徑10公分、圓柱狀的冰）。除了9棟建築外，還有通訊用的天線等建築設施、作為觀測設施而設的氣象觀測裝置等，如今是已經終止全年駐站的基地。

成為中繼站的瑞穗基地

瑞穗基地開設於1970年7月，坐落於昭和基地東南方約270公里之處的瑞穗高原冰層上。有居住用與觀測用的5棟預鑄建築等，如今所有建築皆埋於雪面之下。因此目前已經關閉，如今主要作為前往無人觀測地點及內陸

昭和基地
- ●位置：南緯69度00分19秒、東經39度34分52秒
- ●平均氣溫：-10.5℃
- ●最低氣溫：-45.3℃（1982年9月的紀錄）

飛鳥基地（無人）
- ●位置：南緯71度31分34秒、
東經24度08分17秒

瑞穗基地（無人）
- ●位置：南緯70度41分53秒、
東經44度19分54秒

富士冰穹基地
- ●位置：南緯77度19分01秒、東經39度42分12秒
- ●平均氣溫：-54.4℃（1995年～1997年）
- ●最低氣溫：-79.7℃（1996年5月、1997年7月的紀錄）

南奧克尼群島

南昔得蘭群島

威德爾海

南奧克尼群島

亞歷山大島

別林斯高晉海

瑟斯頓島

阿蒙森海

伯克納島

南極點

羅斯海

時的中繼站，發揮著重要的作用。

僅進行氣象觀測的飛鳥基地

　　飛鳥基地開設於1985年3月，坐落於昭和基地西南西約670公里的毛德王后地地區的冰層上，於1992年關閉，之後僅進行氣象觀測。主要建築包括主屋棟、發電棟、觀測棟與通路棟，另外還有以冷凍庫改造而成的光學棟、飯場棟、臨時工作棟等，不過如今所有建築皆埋於雪面之下。

日本亦為《南極條約》的成員國

南極雖然不是任何一個國家的領土，但紛爭不斷。因此，多個國家合作制定了《南極條約》。

為了避免發生衝突而制定的條約

想必大家都知道，出國旅遊或工作等時候是需要護照的。然而，任何國家的人前往南極都不需要這本護照。這著實有點奇怪，究竟是為什麼呢？答案是因為南極並非任何國家的領土。不過，有些國家為了南極的寶貴資源等，曾考慮「將南極變成自己國家的領土」。

世界各國剛開始在南極建造基地時，澳洲、紐西蘭、阿根廷、智利，甚至是英國、法國與挪威等國，皆聲稱「這裡是我國的領土」。然而，有些國家則認為「不該為了領土而衝突」，遂而制定了規範。

《南極條約》便是為了避免各國爭奪土地、海洋與各種資源等而發生衝突所制定的規範。由於有《南極條約》的存在，因而讓南極這個地區至今從未發生過戰爭等紛爭。

南極是我們國家的領土。

非也非也，請遵守《南極條約》的條款。

南極條約

《南極條約》的內容為何？

《南極條約》是透過規範來限制南極的法律地位與人類在南極的活動。此外，也是一種術語，用以指稱以《南極條約》為中心所衍生出的機構與制度。那麼，這項《南極條約》中含括了哪些內容呢？首先，其中指出「所有國家應自由地在南極進行科學研究，並保護南極的環境」。

1959年12月，包括日本在內總共有12個國家簽署了《南極條約》。這項《南極條約》所適用的地區當然也含括南極洲（包括所有冰棚在內，南緯60度以南的地區）。加入《南極條約》的成員國中，只有符合資格的國家才能晉升成為「南極條約顧問國（ATCP）」，日本為這項《南極條約》的原簽約國之一，亦為南極條約顧問國。

《南極條約》的大致內容如下

·和平利用南極地區（禁止軍事上的利用）
·科學調查的自由與國際合作
·禁止南極地區的領土主張與請求權
·禁止處理核爆或放射性廢棄物
·設置監督員以確保人人遵守條約
·針對南極地區相關共通利害關係的事項進行協商
·召開會議制定條約的原則及促進目標的措施

這項《南極條約》於1961年生效，如今南極條約顧問國加上其他條約簽署國，已有50多個成員國。每年都會舉辦南極條約顧問國會議，由成員國針對解決南極各種問題進行討論。那麼讓我們稍微來了解《南極條約》的內容。其大致的內容如本頁的表格所示。

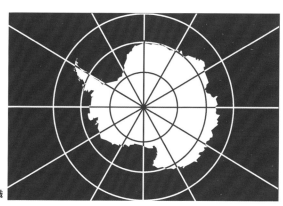

▶《南極條約》的旗幟

《南極條約》的會議議題與日本的對策

由南極條約顧問國所召開的會議中，會提出什麼樣的議題？而日本又針對南極採取了哪些對策呢？

南極觀光問題成為重大議題之一

在每年由南極條約顧問國所召開的會議中，南極觀光問題成為重大議題之一。搭乘周遊船前往南極的觀光客日益增加，某份不久前的數據顯示，2007～2008年走訪南極半島的觀光客超過3萬人。這個數字比1990年代後半葉高出4～5倍。

到南極觀光自然也有正向的一面。透過這些體驗，實際走訪的人自不待言，還能將這份感動傳遞給周遭的人，期待因此讓更多人開始提升對南極自然環境的意識。

然而，也有些因為南極不屬於任何國家的領土而浮現的問題。如果載有許多觀光客的周遊船在南極撞上冰山且不幸沉沒，會發生什麼狀況？很有可能無法迅速展開乘客的救援活動或打撈沉船等。如此一來，便會涉及最重要的人命。不僅如此，若船隻受損導致重油流入海中，也有可能汙染環境。因此，必須針對安全上的對策與環境面上考量好好討論一番。

▲南極觀光周遊船與企鵝

日本的南極相關對策

日本既是《南極條約》的原簽約國，亦為「Non-Claimant（不承認其他國家的主張）」的國家之一，不對南極洲的部分地區主張領土權。

其他頁面已經介紹過，日本在這塊南極洲上設有昭和基地、瑞穗基地、富士冰穹基地與飛鳥基地4座觀測據點，除了觀測臭氧層破洞與透過挖採冰核來調查過去的大氣狀況等外，這些觀測據點還積極投入與澳洲等國外的共同研究。

在日本簽署《南極條約環境保護議定書》後，便將於1998年實施的「南極地區環境保護相關法律」確立為國內法。

日本人要走訪南極前，有義務將所有活動（漁業等特定活動除外）向環境大臣提交申報並核實。此外，作為初代南極觀測船「白瀨號（一代）」的後繼船艦，並於2009年執行任務的「白瀨號（二代）」已兼顧海洋、大氣與節能等環境友善措施。既為原簽約國亦為顧問國的日本，已經針對南極地區的環境保護積極採取措施。

▲南極觀測船「白瀨號」

專欄 3　觀測隊如何前往南極？

觀測隊的人們紛紛從日本出發，前往南極的昭和基地。他們花了好長一段時間，目標是搭乘飛機與南極觀測船抵達目的。

花了1個月的時間才抵達

　　觀測隊從日本出發前往南極的昭和基地時，是先搭乘飛機，後轉乘南極觀測船「白瀨號」。從日本出發到抵達竟花了1個月的時間。而且在海冰變厚的冬季期間，既無法前往亦無法返回。南極觀測船「白瀨號」是於11月從東京出發，1個半月後才抵達昭和基地。觀測隊以前也是從東京搭船前往，但如今是在「白瀨號」出發半個月後從東京搭飛機前往澳洲，再於澳洲搭乘早一步出發的「白瀨號」前往南極，因此花了1個月的時間。

成功只搭飛機就抵達昭和基地

　　那麼，不能只搭飛機前往嗎？昭和基地並非在南極洲上，而是坐落於距離南極洲約4公里一座名為東翁古爾島的小島上，因此無法打造可供大型飛機起降的長跑道。在這樣的情況下，有11個國家合作建造了可搭乘飛機從南非前往俄羅斯新拉扎列夫站的航線。此外，日本的觀測隊於2003年12月首度搭乘飛機抵達俄羅斯的基地，並進入位於內陸的富士冰穹基地。又進一步於2009年11月成功挑戰僅搭乘飛機，經由俄羅斯的基地前往昭和基地。

▶從日本前往南極的
南極觀測船「白瀨號」的航線

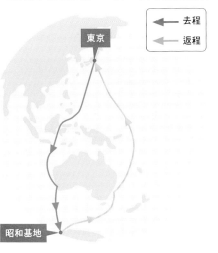

東京

昭和基地

去程
返程

第4章

北極與南極所面臨的各種問題

北極與南極的海冰面積正在減少

所謂的海冰，是指海水結凍所形成的冰。據說，北極與南極的海冰正逐年減少。

海冰有3種類型

　　海水在什麼樣的情況下會結冰呢？必須是溫度低於0℃且下探至冰點以下1.9℃。海水的結凍溫度比水還低，是因為海水中所含的鹽類會降低其冰點。海冰是海水結凍所形成，因此內含鹽分（結凍後，隨著時間的推移，內含的鹽分會逐漸釋出）。

　　說到海冰，應該有很多人都會聯想到「流冰」，但實際上所謂的海冰有3種類型，除了流冰外，還有「極地冰」與「固定冰」。首先是流冰，是指厚約2公尺、會在水面上漂浮並流動的海冰。其次是極地冰，厚度超過3公尺且成形已有1年以上的海冰。最後的固定冰則是指緊貼於海岸等處並未分離的海冰。

▲流冰

▲極地冰

▲固定冰

　　順帶一提，冰山是指漂浮於海上的冰河碎冰。目前已知北極與南極兩地的這些海冰的面積正逐年減少。

北極的海冰減少了多少？

　　有數據顯示，自1979年以來，北極地區的海冰面積長期地持續減少。尤其是年度最小值，可看出正穩步減少中。從1979年至2020年為止，每年平均減少8.7萬平方公里，這個面積很接近北海道的面積（8.3萬平方公里）。根據「政府間氣候變遷專門委員會（IPCC）　第6次評估報告書」（2021年）所示，1979年～1988年與2010年～2019年北極地區的海冰面積減少的主要原因，很有可能是受到人類的影響。海冰面積逐漸減少後，太陽熱能的反射也隨之減弱。因此，暖化恐怕會有加速之虞。

2022年南極的海冰趨於減少

　　日本國立極地研究所公布，自1978年展開衛星觀測以來，南極地區的海冰面積於2022年2月20日刷新了最小值。其數值為212.8萬平方公里，略低於至今為止的最小紀錄、2017年3月的約215萬平方公里。然而，過去10年期間（2012年～2021年）的年度最小面積平均為290.2萬平方公里，因此約為該平均的73.3%。如此所示，南極的冰毫無疑問也在持續減少。然而，南極的海冰減少似乎不能完全歸咎於暖化的影響，研究人員至今仍在反覆分析。

北極海的海平面持續上升？

大家應該都有聽過「北極海的冰正在融化」這樣的新聞。那麼海平面是否會隨之上升呢？

海平面上升是因為陸地上的冰

　　前面章節已經解釋過，北極地區的海冰面積正逐漸減少。在暖化相關新聞等中常會聽到「海平面上升」這個詞彙。這裡所說的海平面上升是指海水增加而海平面上升。北極海的海冰面積確實持續減少，但其實北極海的冰融化與海平面上升並沒有關係。或許有人會認為，「冰正在融化，因此海平面才會上升」，但是如果把冰塊放進一個裝滿水的杯子裡，當這些冰融化時會發生什麼事？沒錯，水並不會從杯中溢出。漂浮在水上的冰即便融化了，水面也不會上升。

　　那麼，發生「海平面上升」的原因究竟為何？答案是陸地上的冰融化並流入北極海所致。一直以來，格陵蘭島上的冰不斷融化減少，山上的冰河也持續融化。這些陸地上的冰融化並流入海中，使海水量增加，結果導致海平面上升。

1.冰漂浮在裝滿水的杯裡

2.即便冰融化，水面也沒有上升

　　由於陸地上的冰融化後流入海中，於是導致了海平面上升，但事實上與海平面上升最相關的並非冰的融化。那麼最密切相關的因素究竟是什麼？答案是「溫度」。

　　空氣與水皆會因為溫度升高而導致體積增加。海水亦是如此。海水的量會隨著變暖、溫度升高而增加。那麼如果海平面不斷升高，可能會出現什麼樣的問題？沒錯，一些地勢較低的地方，水會灌進地面。甚至連平坦的小島等也有可能沉入海中。

　　此外，一旦海水升溫，還會受到其熱能的影響，這也是大型颱風形成的主要原因。北極與南極的冰正在融化這件事，並非僅限於北極與南極的問題，最好將其視為居住在地球上的每個人的問題來思考。

暖化亦會對北極與南極的生態系造成影響

據說暖化對於各個方面都造成了影響，連北極與南極的各種生物都受到莫大影響。

北極熊的個體數會減少？

說到住在北極的動物，腦中首先浮現的應該是北極熊吧？暖化也對北極的這種生物造成了影響。

北極熊有個習性是，會有好幾個月幾乎不吃任何東西來度過冰融化的夏季期間，然而，隨著暖化加劇，無冰期間愈來愈長，牠們將會愈難獲取所需的食物。如此一來，會發生什麼樣的狀況？一般認為北極熊恐怕會因身體虛弱而無法繁殖，導致其個體數逐漸減少。

世界自然基金會日本分部（WWF JAPAN）持續舉辦活動，致力於建立一個人類能與大自然和諧共生的未來，根據其研究顯示，若以如今的速度繼續暖化下去，到了21世紀中葉左右，適合北極熊生存的夏季海冰面積將會消失將近4成，屆時北極熊的個體數可能會減至如今的3分之2。此外，作為北極熊食物的環斑海豹也同樣，環斑海豹建於雪下的巢穴因為積雪量減少而遭到破壞，成了養育幼兒的一大障礙。

▲受到暖化影響的北極熊

隨著氣溫的上升，南極受到最大影響的便是各種企鵝。

據說企鵝在近30 ～ 40年期間數量急遽減少，其中有好幾個物種都瀕臨絕種的危機。其原因何在？這是由於暖化導致磷蝦這類浮游生物的數量幾乎消失殆盡。

磷蝦為企鵝的主食。如果沒有食物，生物將會難以生存，這點人類也是一樣的。

這些磷蝦不僅是企鵝的食物，也是海豹、海鳥與魚類等的食物。因此，倘若磷蝦不復存在，將會有很多生物受到影響。換句話說，不僅企鵝，其他許多生物也有絕種之虞。

此外，還必須考慮到，隨著人類涉足南極地區，偶然帶入的微生物或肉眼看不到的細菌類等，將會對生態系造成影響。

▶正面臨絕種危機的南極企鵝

第4章 北極與南極所面臨的各種問題

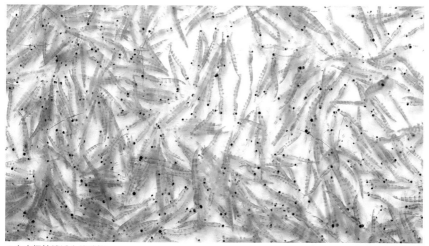

▲在南極持續減少的磷蝦

哪些國家主張擁有北極與南極的領有權・領土權？

北極與南極皆非任何單一國家所擁有的地區。因此，有多個國家都主張擁有北極與南極的領有權與領土權。

北極有些地區存在領有權的爭議

　　大家應該還記得，第58頁已經解釋過，大部分的格陵蘭島（丹麥自治區）、挪威、瑞典、芬蘭、俄羅斯、加拿大、美國（阿拉斯加州）以北等皆落在北極圈內。北極坐擁豐富的能源資源與水產資源，因此實際上國家之間已展開激烈的競爭。

　　舉例來說，如下方地圖所示，接近北極點的地區中有俄羅斯與丹麥的紛爭之地，另外還有俄羅斯與加拿大的紛爭之地。

　　1982年，根據與海洋法相關的《聯合國海洋法公約》，承認沿岸國家往外200海里（1海里為1,852公尺）的範圍為其經濟水域。然而，北極圈的擁有者未定，各國皆為了其他廣闊公海（不屬於任何國家的海域）的資源而展開激烈的競爭。有些國家主張擁有領有權，有些國家不承認其主張，這些爭議可能還需要一段時間才能有所定論。

主張擁有北極領有權的地區

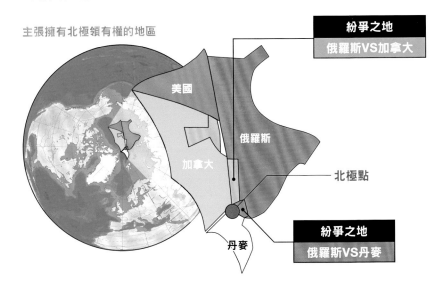

任何國家對南極的領土權主張皆未獲得承認

　　北極是多個國家共同持有所謂的領有權。那麼，南極又是如何？國際上並未承認任何國家擁有南極的領土權。所謂的領土權，是指符合條件的國家對某一領土享有一定的權限，比如集體治理或控管的權利。然而，基於「我們國家最先發現南極」、「從地理位置來看，南極離我們國家很近」，甚至是「南極有我國國民居住」等理由，英國、阿根廷、澳洲、智利、挪威等國皆聲稱擁有南極的領土權。

　　相對於這些國家，美國與俄羅斯在南極探險方面歷史悠久且具備實際成果，雖未主張領土權，卻也不承認其他國家的領土權。

　　各國雖說至今仍持續主張擁有南極的領土權，不過根據本書第110～111頁所介紹的《南極條約》，本來就有規定，任何國家都不能主張擁有南極的領土權。

按顏色來觀察主張擁有南極領土權的國家（7國）及其區域

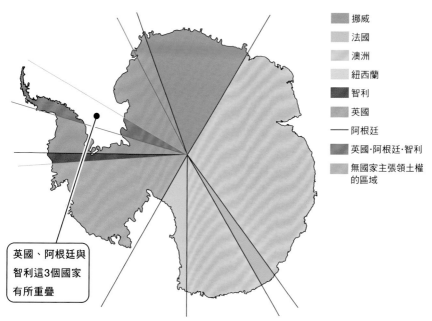

挪威
法國
澳洲
紐西蘭
智利
英國
—— 阿根廷
英國・阿根廷・智利
無國家主張領土權的區域

英國、阿根廷與智利這3個國家有所重疊

第 4 章 北極與南極所面臨的各種問題

原住民族的保存食：醃海雀

就像日本有傳統的食物一樣，任何國家都有自己的傳統食物。在此介紹一種格陵蘭島原住民的傳統食物。

化作保存食物的發酵食品是以海鳥製成

生活在格陵蘭島的原住民格陵蘭因紐特（Kalaallit）民族等所製造的發酵食品中，有一種名為「醃海雀」的食物，為傳統的醃漬物之一。獵人在外出狩獵時，有時候得要花費較多時間才能捕獲獵物，因此需要可久放的保存食物。因此醃海雀備受珍視。這種發酵食品是以名為侏儒海燕（Appaliarsuk，日本名稱為姬海雀）的海鳥製作而成。人們會於夏天使用網狀工具捕捉這種海鳥，塞進以海豹皮製成的袋子中，再埋於石頭之下，靜置數個月使其發酵，即完成醃海雀。

吃的過程很麻煩且氣味濃烈

醃海雀的品嚐過程相當麻煩。必須自行拔除侏儒海燕的羽毛。羽毛全拔光後，看起來就像剛出生的幼雛。直接大口咬下品嚐，味道意外地清淡。然而，醃海雀外觀給人的視覺衝擊相當強烈，但更濃烈的是它的氣味。總之似乎很臭，用手摸過後氣味久久難消。格陵蘭島的原住民會在生日或婚禮等喜慶場合以這種醃海雀來宴客。

▲在當地被稱為侏儒海燕

專欄 5 南極地區觀測隊的歷史

日本為了在南極地區進行各種觀測,而派遣至南極的調查隊即稱為「南極地區觀測隊」。一起來探究其歷史。

有些調查隊會在南極過冬,有些則不會

「南極地區觀測隊」一般簡稱為「南極觀測隊」,是被派遣至南極的日本基地,觀測南極地區的氣象、大氣、地質、生物與海洋等的調查隊。南極地區觀測隊中,會在南極持續觀測1整年的團隊稱為「南極越冬隊」,在南極度過1年的成員為「越冬隊」,返回日本不過冬的成員則稱為「夏隊」。越冬隊的成員會在南極的日本昭和基地或富士冰穹基地等處生活並進行為期1年的觀測。

日本的南極觀測自1956年以來持續至今

日本的南極地區觀測隊始於1956年由永田武隊長所率領的南極地區觀測預備隊。這支預備隊,後來改名為第1次南極地區觀測隊。其後有段時期並未派出南極地區觀測隊,不過自1965年第7次觀測隊啟程以來,每年都會派出觀測隊,還會在南極過冬。日本人是於1968年首度抵達南極點。他們是第9次越冬隊極點調查旅行隊,利用雪地車才成功抵達。南極地區觀測隊的成員至今仍在嚴苛的環境中觀測南極的各種面向,持續收集用以了解地球環境的數據。

▲保存展示中的南極觀測船(初代)「宗谷」

索 引

[企劃・編輯] 浅井 精一、竹田 政利
[Design・編輯] 垣本 亨
[插　　　圖] 松井 美樹
[製　　　作] 株式会社カルチャーランド
[參考文獻] 北極與南極科學漫畫圖鑑百科全書（暫譯，株式会社ナツ
メ社）／北極入門書（暫譯，株式会社成山堂書店）／南極
入門書（暫譯，株式会社成山堂書店）／北極與南極的100
大奧祕（暫譯，東京書籍株式会社）／南極是什麼樣的地
方？（暫譯，朝日新聞社）／北極與南極原來如此 透過比較
認識地球（暫譯，株式会社 学研プラス）／哆啦A夢科學任
意門16：勇闖南極冒險號（遠流出版）／理科年表入門書
兩極─來自北極與南極的訊息─（暫譯，丸善株式会社）

GO！認識我們的地球
南北極大探索

2025年2月1日初版第一刷發行

著　　者　「北極與南極的祕密」編輯室
譯　　者　童小芳
副 主 編　劉皓如
封面設計　R
發 行 人　若森稔雄
發 行 所　台灣東販股份有限公司
　　　　　＜地址＞台北市南京東路4段130號2F-1
　　　　　＜電話＞（02）2577-8878
　　　　　＜傳真＞（02）2577-8896
　　　　　＜網址＞https://www.tohan.com.tw
郵撥帳號　1405049-4
法律顧問　蕭雄淋律師
總 經 銷　聯合發行股份有限公司
　　　　　＜電話＞（02）2917-8022

著作權所有，禁止翻印轉載。
購買本書者，如遇缺頁或裝訂錯誤，
請寄回更換（海外地區除外）。
Printed in Taiwan

MINNA GA SHIRITAI! HOKKYOKU
NANKYOKU NO HIMITSU KYOKUCHI
NO 'NARITACHI' TO 'IMA' GA WAKARU HON
© Cultureland, 2023
Originally published in Japan in 2023 by MATES
universal contents Co.,Ltd.,TOKYO.
Traditional Chinese translation rights arranged
with MATES universal contents Co.,Ltd.,TOKYO,
through TOHAN CORPORATION, TOKYO.

國家圖書館出版品預行編目(CIP)資料

南北極大探索：GO!認識我們的地球／「北
極與南極的祕密」編輯室著；童小芳譯.
-- 初版. -- 臺北市：臺灣東販股份有限公
司, 2025.02
128面；14.8×21公分
ISBN 978-626-379-736-9（平裝）

1.CST：極地圈　2.CST：北極　3.CST：
南極

778　　　　　　　　　　　113019543